Margit Scholl (Hrsg.)

Instrumente zur aktiven und sicheren Verbraucherteilhabe an Online-Public-Services (IVTOPS)

- Abschlussbericht der TH Wildau -

Instrumente zur aktiven und sicheren Verbraucherteilhabe an Online-Public-Services (IVTOPS)

- Abschlussbericht der TH Wildau -

Dr. habil. Esther Ruiz Ben

Operative Projektleiterin

Technische Hochschule (TH) Wildau

Fachbereich (FB) Wirtschaft, Informatik, Recht (WIR)

Prof. Dr. Margit Christa Scholl

Wirtschafts- und Verwaltungsinformatik

Technische Hochschule (TH) Wildau

Fachbereich (FB) Wirtschaft, Informatik, Recht (WIR)

Buchwelten Verlag
FRANKFURT AM MAIN

Bibliografische Informationen der Deutschen Nationalbibliothek

Die Deutsche Nationalbibliothek verzeichnet diese Publikation in der Deutschen Nationalbibliografie; detaillierte bibliografische Daten sind im Internet über http://dnb.d-nb.de abrufbar.

Instrumente zur aktiven und sicheren Verbraucherteilhabe
an Online-Public-Services (IVTOPS)
- Abschlussbericht der TH Wildau -

Imprint
Instrumente zur aktiven und sicheren Verbraucherteilhabe
an Online-Public-Services (IVTOPS)
- Abschlussbericht der TH Wildau -

1. Auflage 2023
eBook-Ausgabe 2023
xxx
Open Access xxx

Published by
Bubans Buchwelten Verlag
Hugo-Sinzheimer-Straße 15
Frankfurt am Main
http://www.buchwelten-verlag.de

ISBN: 9783945740637

MIX
Papier aus verantwortungsvollen Quellen
Paper from responsible sources
FSC® C105338

Förderkennzeichen: 28V1403A20

Thema: Verbundvorhaben: Instrumente zur aktiven und sicheren Verbraucherteilhabe an Online Public Services (IVTOPS) - Teilprojekt A (TH Wildau)

Namen des Zuwendungsempfängers: Technische Hochschule (TH) Wildau

Ausführende Stelle: Technische Hochschule Wildau, Wirtschafts- und Verwaltungsinformatik, Fachbereich Wirtschaft, Informatik, Recht

„Verbraucherteilhabe – Grundlagen, Praktiken und Instrumente für eine aktive Teilhabe an Konsum, Gesellschaft und Digitalisierung"

im Rahmen des Programms zur Innovationsförderung im Verbraucherschutz in Recht und Wirtschaft

Bundesministerium
für Umwelt, Naturschutz, nukleare Sicherheit
und Verbraucherschutz

Bundesanstalt für
Landwirtschaft und Ernährung

Die Förderung des Vorhabens erfolgt (bzw. erfolgte) aus Mitteln des Bundesministeriums für Umwelt, Naturschutz, nukleare Sicherheit und Verbraucherschutz (BMUV) aufgrund eines Beschlusses des deutschen Bundestages. Die Projektträgerschaft erfolgt (bzw. erfolgte) über die Bundesanstalt für Landwirtschaft und Ernährung (BLE) im Rahmen des Programms zur Innovationsförderung.

The project is supported (was supported) by funds of the Federal Ministry for the Environment, Nature Conservation, Nuclear Safety and Consumer Protection (BMUV) based on a decision of the Parliament of the Federal Republic of Germany via the Federal Office for Agriculture and Food (BLE) under the innovation support programme.

Die Autorinnen:

PD Dr. habil. Esther Ruiz Ben

PD Dr. habil. Esther Ruiz Ben ist Privatdozentin am Institut für Soziologie der TU Berlin und Informatikerin. Ihre Forschungsinteressen sind vor allem Digitalisierungsprozesse, IT-Architekturen, Usable Privacy and Security, E-Government sowie partizipative Methoden der Gestaltung von Informationstechnologie (IT). Geboren in Madrid, spricht sie Spanisch, Englisch und Deutsch. Sie war als promovierte Soziologin wissenschaftlich tätig in Forschungsprojekten zu Frauen in der Informatikausbildung und zum Professionalisierungsprozess der Softwareentwicklung, aus nationaler und internationaler Perspektive. Esther Ruiz Ben hat viele wissenschaftlich anerkannte Veröffentlichungen publiziert.

Prof. Dr. rer. nat. Margit Christa Scholl

Professorin seit 1994.

Nach dem Studium der Physik und Meteorologie in Mainz und Berlin war Margit Scholl in den 80er-Jahren als Wissenschaftlerin für die Deutsche Forschungsgemeinschaft in einer Reihe von Projekten tätig und entwickelte numerische Modelle für die Wettervorhersage und Schadstoffdispersion unter Verarbeitung digitaler Satellitenbildaufnahmen. An der Freien Universität Berlin promovierte sie in Meteorologie. Nach der Universitätszeit arbeitete sie u.a. als Referatsleiterin in der Berliner Verwaltung und als Dezernatsleiterin für den First Level Support in Brandenburg. In ihrer Freizeit bildete sie sich über Fernstudium sowohl in Betriebswirtschaft als auch in Informatik weiter.

Sie ist derzeit forschungsaktive Professorin für Wirtschafts- und Verwaltungsinformatik an der Technischen Hochschule (TH) Wildau und Leiterin des Labors für medienintegrierende Verwaltungsinformatik an der TH Wildau seit 2001. Ihre Gründung und Leitung des Wildau Instituts für innovative Lehre, lebenslanges Lernen und gestaltende Evaluation (WILLE) im Technologietransfer- und Weiterbildungszentrum (TWZ) an der Technischen Hochschule (TH) Wildau e.V. erfolgte 2010. Sie ist darüber hinaus Qualifizierungsstelle der Bundesakademie öffentliche Verwaltung (BAköV):

- Seit 2010 Fortbildungslehrgang mit Zertifizierungsprüfung „IT-Sicherheitsbeauftragte I"
- Seit 2017 Fortbildungslehrgang mit Zertifizierungsprüfung „Datenschutzbeauftragte nach der EU-DSGVO"

Schulungen und Sensibilisierungsveranstaltungen können über das Technologietransfer- und Weiterbildungszentrum an der Technischen Hochschule Wildau e.V. (TWZ), im Wildau Institut für innovative Lehre, lebenslanges Lernen und gestaltende Evaluation (WILLE), gebucht werden: *https://twz-ev.org*

Inhaltsverzeichnis

Einführung

Die Digitalisierung von öffentlichen Diensten ist für Verbraucher:innen eine große Herausforderung. In einer sich immer stärker diversifizierenden Angebots- und Anbietervielfalt von digitalen öffentlichen Leistungen benötigen Verbraucher:innen Orientierung, um Nutzungsentscheidungen treffen zu können. Speziell Datensicherheit und Datenschutz spielen dabei eine ebenso wesentliche Rolle wie Informationen und digitale Kompetenzen, die zur inklusiven Teilhabe an der Nutzung von digitalen Public Services beitragen. Herausforderungen bedeuten auch immer die Frage nach der Akzeptanz von Online-Angeboten. Dies gilt gerade auch in Blick auf die Digitalisierung von öffentlichen Verwaltungsdiensten für Bürger:innen und Wirtschaftsunternehmen. Akzeptanz und Vertrauen ist die Basis der Nutzung öffentlicher Online-Dienste. Instrumente zur Lösung von Akzeptanzproblemen bei öffentlichen Online-Diensten wurden jedoch bisher kaum umgesetzt.

In diesem Buch diskutieren wir die theoretischen Grundlagen und die Methoden für die Gestaltung von Instrumenten, die eine selbstsouveräne Nutzung von digitalen öffentlichen Diensten unterstützen können. Wir zeigen welche Methodologie partizipativ mit Nutzenden („Usern") in der Praxis angewandt werden kann und wie die gestalteten Instrumente evaluiert werden können. Daher liegt unser Fokus auf den nutzenden Bürger:innen und Verbraucher:innen von Online Public Services.

Das Buch ist als Projektabschluss zu verstehen und basiert auf dem Projekt „Instrumente zur aktiven und sicheren Verbraucherteilhabe an Online Public Services (IVTOPS) - Teilprojekt A (TH Wildau)", das aus Mitteln des Bundesministeriums für Umwelt, Naturschutz, nukleare Sicherheit und Verbraucherschutz (BMUV) gefördert und durch die Bundesanstalt für Landwirtschaft und Ernährung (BLE) im Rahmen des Programms zur Innovationsförderung begleitet wurde. Parallel zu unserem Teilprojekt A war die Technische Universität Berlin (TUB) in einem separaten Teilprojekt B involviert.

Dieses Buch ist als ein Handbuch für alle konzipiert, die verstehen möchten, wie die Prinzipien der nutzbaren Privatsphäre und der Informationssicherheit zu einer Gestaltung beitragen können, die sicherstellt, dass die Bedürfnisse der Bürger:innen im Electronic Government (E-Government) angemessen berücksichtigt werden. Dazu umfasst das Projekt IVTOPS sowohl eine umfangreiche Umfrage als auch durchgeführte Interviews, die transkribiert und anonymisiert wurden. Wir danken allen Beteiligten sehr für ihre Zeit, Geduld und Mühe, sich den Fragen gestellt, Aufgaben gelöst und ihre Erfahrungen, Erwartungen und Meinungen geteilt zu haben. Auch wenn die Ergebnisse nicht repräsentativ sind, so verdeutlichen sie doch eindringlich die Herausforderungen, die mit der Digitalisierung von Verwaltungsdienstleistungen und aktuellen öffentlichen Online-Diensten verbunden sind.

Die Ergebnisse sind als praktische Handreichung für alle zu nutzen, die Online Public Services beauftragen und/oder entwickeln. Das Projekt IVTOPS hatte mit einem partizipativen Forschungsdesign folgende Ziele:

- Sensibilisierung für eine aktive, bewusste und sichere Teilhabe von Verbraucher:innen an der Digitalisierung von Online Public Services.
- Analyse der Akzeptanz von Online Public Services am Beispiel mit Vertrauensdiensten (Nutzerkonto/Servicekonto) in Brandenburg und Berlin.
- Instrumente-Entwicklung und -Testung zur Überwindung von Informationsdefiziten und digitalen Kompetenzasymmetrien bezüglich Datensicherheit und Datenschutz bei der Nutzung von Online Public Services.

Das Buch ist zudem für die praktische Nutzung in der Lehre an Hochschulen/Universitäten, vor allem in den Bereichen E-Government und Verwaltungsinformatik gedacht. Es kann jedoch auch andere Fachdisziplinen mit Ideen bereichern. Wir haben konkret den dualen Studiengang Verwaltungsinformatik des Landes Brandenburg (VIBB; Abschluss Bachelor of Science) der TH Wildau in einigen Fächern von Frau Prof. Dr. Margit Scholl für partizipative Erprobungen und innovatives Feedback in unsere Projektarbeit involviert.[1] Ideen und Feedback zum entwickelten Prototyp haben folgende Kurse geleistet, für deren Input zu unseren Projektergebnissen wir sehr dankbar sind:

- VIBB-22, im WiSe2022/23 als 1. Semester, Fach „E-Government I"
- VIBB-21, im WiSe2022/23 als 3. Semester, Fach „Datenschutz und Datensicherheit"
- VIBB-20. Im SoSe2023 als 6. Semester, Fach „Informationssicherheits- und Datenschutzkonzepte".

In den letzten Kapiteln zeigen wir dazu einige Beispiele für Kolleg:innen an Hochschulen/Universitäten aus den Bereichen Verwaltungs- und Wirtschaftsinformatik sowie Electronic Government/Electronic Business für mögliche Übungen zur Gestaltung und Evaluation von Instrumenten, die eine aktive und sichere Verbraucherteilhabe an (Online) Public Services (OPS) sicherstellen sollen.

---

1 Siehe https://www.th-wildau.de/studieren-weiterbilden/studiengaenge/verwaltungsinformatik-brandenburg/ (Zugriff: 01.07.2023)

Instrumente zur aktiven und sicheren Verbraucherteilhabe an digitalen öffentlichen Diensten

Instrumente zur Nutzung digitalen öffentlichen Diensten sind textuelle, auditive oder visuelle digitale Objekte, aber auch die Navigation der Internetseiten, die Verbraucher:innen folgen müssen, um erfolgreich, effektiv, effizient und auch zufriedenstellend digitalen öffentlichen Diensten zu nutzen. Um eine aktive und sichere Verbraucherteilhabe an digitalen öffentlichen Diensten zu unterstützen, sollen diese Instrumente die Nutzer:innen im Mittelpunkt der Gestaltung von digitalen öffentlichen Diensten stellen, sodass sie selbstsouverän öffentlichen Diensten in Internet nutzen können. Wichtige Aspekte, die damit verbunden sind, sind die Transparenz des Datenschutzes und der Informationssicherheit bzw. das Konzept der „Usable Privacy and Security", die digitale Kompetenzen der Nutzer:innen sowie das Vertrauen zwischen Dienstanbieter und Nutzer:innen. Doch was bedeutet Usable Privacy und Security? Inwiefern trägt dieser Ansatz zur Gestaltung von Instrumenten zur aktiven und sicheren Verbraucherteilhabe an digitalen öffentlichen Diensten?

Der Usable-Privacy-Ansatz befasst sich mit der Entwicklung von IT-Produkten, bei denen die Nutzer:innen im *Mittelpunkt* der Konzeptualisierung von Datenschutz stehen. Der "Nutzer:innen-Begriff " im Fokus des Usable-Privacy-Ansatzes bezieht sich nicht nur auf IT-Nutzer:innen, sondern auch auf IT-Entwickler:innen. Letztere sollen auch dafür sorgen, dass die Datenschutzaspekte in verständlicher und effektiver bzw. klarer Form umgesetzt werden. Durch die stetige Digitalisierung von öffentlichen Online-Diensten wird eine entsprechende Zunahme an Sicherheits- und Datenschutzmaßnahmen erforderlich. Diese stellen eine ständige Herausforderung für die Nutzer:innen dar, da sie mit Passwörtern und Passwortmanagement, Virenscannern, Malware, Kommunikations- und Datenverschlüsselung usw. konfrontiert werden. Und nicht alle Nutzer:innen erkennen die Wichtigkeit dieser Maßnahmen oder die Bedeutung der verschiedenen Sicherheitskonzepte in öffentlichen Online-Diensten in ihrer Vielfalt und ihren Auswirkungen. Ein wichtiger Aspekt in der Gestaltung von Online Public Services ist die Berücksichtigung der sogenannten Digitalen Kompetenzen. Weitere wichtige Aspekte der Gestaltung von Instrumenten zur aktiven und sicheren Verbraucherteilhabe an digitalen öffentlichen Diensten sind das Vertrauen in die Verwaltung (Bélanger und Carter, 2008; Teo et al. 2008) und die Unterstützung bei der Nutzung von Online Public Services (Faulkner et al. 2019). Carter und Belanger (2005) identifizierten drei Hauptfaktoren, die die Akzeptanzwahrscheinlichkeit von Online Public Services steigern: erstens die Nutzerfreundlichkeit, zweitens die Kompatibilität der Webseite mit weiteren Diensten und drittens die Vertraulichkeit der Services im Zusammenhang mit Sicherheit und Vertrauen an die Verwaltung. Diese Aspekte der Nutzerzentrierung und die Erkenntnis der IT-Entwickler:innen, dass "die Nutzer nicht die

Feinde sind"[2], ist daher von zentraler Bedeutung für die Gestaltung von Instrumenten zur aktiven und sicheren Verbraucherteilhabe an digitalen öffentlichen Diensten und für die Entwicklung der Verwaltungsinformatik-Curricula an Hochschulen. In den nächsten Seiten diskutieren wir zunächst kurz diese Aspekte der Nutzerzentrierung (Usable Privacy und Security Ansatz, Digitale Kompetenzen, Digitale Souveränität und Vertrauen in digitale öffentliche Dienste).

1.1 Usable Privacy und Security Ansatz

Der Begriff „Usable Security" bezieht sich auf die Zentralität der Nutzer bei der Gestaltung von Datensicherheits- und Datenschutzinstrumenten und -infrastrukturen (Cranor und Garfinkel 2005). Mit einer mehr als zwanzigjährigen Erfolgsgeschichte verbindet das Konzept Prinzipien der IT-Sicherheit und des Datenschutzes mit denen der Benutzerfreundlichkeit. Insbesondere in den 1990er Jahren begann die Besorgnis über den Mangel an benutzerzentrierten Ansätzen in IT-Sicherheitslösungen zu wachsen, insbesondere ausgelöst durch einige Veröffentlichungen (Cranor und Garfinkel 2005: 71) wie das Papier von Adams und Sasse, das das Image des Benutzers als Sicherheitsproblem ablehnte oder Whitten und Tygars Papier „Why Johnny Can't Encrypt", das die Bedeutung der Benutzerfreundlichkeit von IT-Sicherheitsschnittstellen zeigt, um eine erfolgreiche IT-Sicherheit und Datenschutz zu gewährleisten.

Auf dem langen Weg des nutzbaren Sicherheitskonzepts haben sich nach Theofanos (2020) fünf Hauptthemen etabliert: Authentifizierung, Verschlüsselung, Sicherheitsdialoge, Social Engineering und Datenschutz. Authentifizierung und Verschlüsselung sind formale Methoden, um Sicherheit und Datenschutz zu gewährleisten, während Sicherheitsdialoge, Social Engineering und Datenschutz Themen sind, die sich auf die Notwendigkeit beziehen, die Handlungen der Benutzer in den Prozess der Erreichung der IT-Sicherheit einzubeziehen. Sicherheitsdialoge fungieren als Informationswerkzeuge zwischen Anbietern und Nutzern. Als Social Engineering bezeichnet man die missbräuchliche Manipulation der Kommunikation zwischen Anbietern und Nutzern durch Dritte. In Deutschland bezeichnet beispielsweise das Bundesamt für Sicherheit und Informationstechnik (BSI)[3] Social Engineering als den Missbrauch menschlicher Eigenschaften wie Hilfsbereitschaft, Vertrauen, Angst oder Respekt gegenüber Autoritäten oder Personen zu manipulieren. Die Angreifer:innen verleiten das Opfer auf diese Weise beispielsweise dazu, vertrauliche Informationen bereitzustellen, Sicherheitsfunktionen auszuhebeln, Überweisungen vorzunehmen oder Schadsoftware auf dem

---

2 https://dl.acm.org/doi/pdf/10.1145/322796.322806 (Zugang 11.03.2023).

3 https://www.bsi.bund.de/DE/Themen/Verbraucherinnen-und-Verbraucher/Cyber-Sicherheitslage/Methoden-der-Cyber-Kriminalitaet/Social-Engineering/social-engineering_node.html (Zugriff 16.07.2023)

privaten Computer oder in geschäftlichen Computernetzwerken zu installieren."

Sicherheits- und Datenschutzdialoge sind eine Möglichkeit, diese missbräuchlichen Manipulationen durch die Bereitstellung von Informationen an die Benutzer zu verhindern, damit ihre im IT-Sicherheitsprozess ohnehin erforderlichen Maßnahmen mögliche Sicherheits- und Datenschutzangriffe vermeiden können. Wie Theofanos (2020: 73) jedoch betont, wurden Nutzer:innen darauf konditioniert, Sicherheitsdialoge auf der Suche nach ihrer Hauptaufgabe zu ignorieren und loszuwerden. Öfters ermüden und überfordern Sicherheitsdialoge die Nutzer:innen, vor allem im digitalen Kontext.

1.2 Digitale Kompetenzen

Das Konzept digitaler Kompetenzen bezieht sich auf die Kenntnisse und Fertigkeiten von Personen, um Hardware und Software bzw. Netzwerke zu bedienen und zu verstehen. In der Literatur wird dieses Konzept mit einem Fokus auf Bedienbarkeit (i. e. Van Dijk 2012) benutzt. Der Aspekt des Verstehens wird eher im Zusammenhang mit dem Konzept digitaler Souveränität gebracht. Ein Beispiel für die Konzeptualisierung von digitalen Kompetenzen als Bedienbarkeit von digitalen Technologien ist das Modell von Van Dijk (2012). Van Dijk (2012) hat eine differenzierte Konzeptualisierung von digitalen Kompetenzen ausgearbeitet, die als Ziel die Nutzung digitalen Technologien setzt. Zuerst berücksichtigt dieser Autor die Motivation sowie der physische und der materielle Zugang zu digitalen Technologien, um zu verdeutlichen, dass diesen beiden Momenten auch zu den Voraussetzungen zur Vermeidung digitalen Spaltungen in der Gesellschaft gehören. Digitale Kompetenzen konkretisiert Van Dijk (2012) in zwei Typen und sechs Modalitäten: Erstellung von Inhalten, strategische Kompetenzen, Kommunikationskompetenzen, informationsbezogenen Kompetenzen (inhaltsbezogene Kompetenzen) sowie operationale und formale Kompetenzen (medienbezogene Kompetenzen). Van Dijk (2012) berücksichtigt die Häufigkeit und Diversität der Nutzung als beeinflusst von diesen zwei Typen digitaler Kompetenzen.

Digitale Kompetenzen werden in diesem Konzept auf die Fähigkeiten bzw. Fertigkeiten, um digitalen Technologien zu bedienen. Ein Verständnis der Mechanismen, die im Hintergrund dieser Bedienungstätigkeiten geschehen sowie das Verstehen der Implikationen dieser Tätigkeiten z. B. für den Schutz eigener Daten (freiwillig oder unfreiwillig zur Verfügung gestellt) in Netzwerken ist in Van Dijks (2012) Konzept nicht berücksichtigt. Konkreter und gleichzeitig detaillierter sind die Konzeptualisierungen von Ferrari (2013), die als Basis für die letzte Strategie der Kultusministerkonferenz (KMK) zur Bildung in der digitalen Welt gelten[4]. Ferraris (2013) Konzept

---

4

integriert die Dimension des Datenschutzes unter den digitalen Kompetenzen. Weiterhin werden auch verschiedene Komplexitätsniveaus, das Autonomieniveau bei der Erledigung der Tätigkeiten sowie verschiedene Kognitionsbereiche („remembering, understanding, creating, applying") Teile des Konzepts.

1.3 Digitale Souveränität

Digitale Souveränität wird allgemein als die Fähigkeit von Personen, Regierungen und sozio-ökonomischen Institutionen, digitale Technologien unabhängig in einer selbst-bestimmter und sicherer Weise je nach ihrer Rolle im Digitalisierungsprozess zu nutzen definiert (Pohle 2020). Pohle erklärt, dass digitale Souveränität sich auf den gesamtgesellschaftlichen Transformationsprozess bezieht, der die Digitalisierung mit sich bringt. Drei Hauptaspekte dieses Transformationsprozesses werden im Zusammenhang mit dem Begriff der digitalen Souveränität gebracht: erstens, die allumfassende Nutzung von Computertechnologien, zweitens, die Verbreitung und Nutzung digitaler Technologien und drittens, die zunehmende grenzübergreifende Sammlung von digitalen Daten (Pohle 2020) [5] . Seit den letzten Jahren und insbesondere nach den Snowden Enthüllungen zeigt sich eine Vertrauenskrise bei Verbraucher:innen gegenüber Online-Dienstleister bezüglich der Nutzung digitaler Technologien und der Datensicherheit und -schutz. Eine häufigere Nutzung des Begriffs der digitalen Souveränität vor allem im Zusammenhang mit nationalstaatlicher Nationalität ist daraus resultiert (Friedrichsen und Bisa 2016).

Diese nationalstaatliche Sicht der Konzeptualisierung von digitaler Souveränität wird auch von Bitkom (2015) übernommen. Die Integration der Verbraucher:innen in der Bitkom-Konzeptualisierung von digitaler Souveränität wird in einem Annex kurz erwähnt (Sachverständigenrat für Verbraucherfragen beim Bundesministerium der Justiz und für Verbraucherschutz 2017)[6]. Im Kontrast dazu wurde die Stärkung der Medienkompetenz von Verbraucher:innen als eine der wichtigsten Maßnahmen des Verbraucherschutzes in der Digitalen Agenda 2014-2017 der Bundesregierung genannt. Das Bundesministerium für Wirtschaft sieht in ähnlicher Weise den Erwerb von Schlüsselkompetenzen sowie die Kenntnisse von IT-Sicherheit und Datenschutz als Voraussetzungen für digitale Souveränität (BMW 2015). Weiterhin knüpft im Jahr 2017 der Sachverständigenrat für Verbraucherfragen beim Bundesministerium der Justiz und für Verbraucherschutz an diese bürger:innenzentriertere

---

https://www.kmk.org/fileadmin/Dateien/veroeffentlichungen_beschluesse/2016/2016_12_08-Bildung-in-der-digitalen-Welt.pdf (Zugriff 18.11.2021).

5 https://www.econstor.eu/bitstream/10419/228712/1/Full-text-report-Pohle-Digitale-Souveraenitaet.pdf

6 https://core.ac.uk/download/pdf/132283323.pdf (Zugriff 27.11.2021)

Konzeptualisierung von digitaler Souveränität und integriert darüber hinaus das Konzept der Datensouveränität. Datensouveränität wird als Wahlfreiheit von Verbraucher:innen über Erhebung, Verarbeitung und Nutzung persönlicher Daten verstanden[7].

Im Zusammenhang mit digitaler Souveränität unterscheidet der Sachverständigenrat vier Leitlinien (Wahlfreiheit, Selbstbestimmung, Selbstkontrolle und Sicherheit), die mit verbraucherfreundlicher Technologie, digitaler Kompetenz seitens der Verbraucher:innen und Regulierungen zu erzielen sind. Inwieweit dieses Ziel realisiert bereits ist, bleibt als eine offene Frage bestehen. Fest steht allerdings, dass nach den Snowden Enthüllungen das Vertrauen von Verbraucher:innen in den digitalen Technologien gelitten hat und auch aus diesem Grund die Stärkung des Verbrauchervertrauens im Mittelpunkt der Verbraucher:innenpolitik in den Vordergrund gestellt wurde.

1.4 Vertrauen in die digitalen öffentlichen Dienste

Allgemein gesehen, kann in Anlehnung an Luhmann (2000) Vertrauen als „Mechanismus der Reduktion sozialer Komplexität" verstanden werden. Auf dieser allgemeinen Idee basieren einige Autor:innen, um das Konzept Vertrauenswürdige Identitäten für öffentliche IT[8] zu erklären. Darüber hinaus wird in diesem Konzept darauf aufmerksam gemacht, dass Vertrauen uni- bzw. bidirektional sein kann. Unidirektionales Vertrauen wird zum Beispiel ausreichend, wenn Informationen auf Webseiten zur Verfügung gestellt werden. Die Identität der Person, die diese Informationen zur Verfügung stellt, soll für die Personen, die diese Informationen annehmen, deutlich und klar sein. Bidirektionales Vertrauen bezieht sich auf Kommunikationsbeziehungen z. B. zwischen Behördenangestellten und Bürger:innen. In diesen Situationen beruht das Vertrauen auf Gegenseitigkeit. Die Online-Kommunikation mit Behörden für die Nutzung von OPS setzt voraus, dass die Identitäten aller Kommunikationspartner:innen klar und deutlich sind.

Vertrauen im Zusammenhang mit Datenschutz bezieht sich auf weiteren Aspekten der Kommunikation zwischen Behörden und Bürger:innen. Die Frage der Speicherung von Daten und der Kontrolle sowie der Entscheidungsbefugnis über die Verarbeitung von persönlichen Daten, welche genauen Daten, wo diese gespeichert werden und in welchem Zeitraum bzw. für welchen genauen Zweck sind fundamentale Aspekte des Vertrauens bei der Nutzung und Bereitstellung von OPS. In diesen Aspekten sind weiterhin nicht nur Behörden involviert, sondern auch „externe" IT Unternehmen,

---

7 https://core.ac.uk/download/pdf/132283323.pdf (Zugriff 24.11.2021).

8 https://www.oeffentliche-it.de/documents/10181/14412/Vertrauensw%C3%BCrdige+digitale+Identit%C3%A4t+Baustein+f%C3%BCr+%C3%B6ffentliche+IT (Zugriff 12.11.2021).

deren Identitäten auch deutlich und klar sein sollen, um vertrauenswürdige online öffentliche Dienste zu gestalten.

Im Zusammenhang mit vertrauenswürdigen Identitäten spielt der Staat eine sehr wichtige Rolle als „Identitätsgeber“ (FOKUS 2013: 8)[9], die je nach öffentlichen online Dienst Kontext variieren kann. Der Personalausweis, der seit 2010 in Deutschland vom Staat zur Verfügung gestellt wurde, stellt eine elektronische Identität aus und ermöglicht das „Sichausweisen“ in Internet. Einige Autor:innen kritisieren die mangelnde Nutzerfreundlichkeit des elektronischen Personalausweises. Eine weitere Lösung zur Vertrauenswürdige Kommunikation im Rahmen der Nutzung von öffentlichen online Dienst, die De-Mail[10] wurde im Jahr 2021 wegen niedrigen Nutzungsquoten abgeschaltet. Darüber hinaus wurde mit dem Signaturgesetz (SigG) ein weiteres Instrument der vertrauenswürdigen Identitätsprüfung in elektronischer Form seit 2001 angeboten. Dieses Instrument wurde auch wenig genutzt bzw. ist wenig bekannt.

Nach einer Studie von McKinsey[11] aus dem Jahr 2019 ist die Zufriedenheit der Bürger:innen mit den Behörden niedriger als mit Akteur:innen der privaten Wirtschaft. In der Studie wird bemerkt, dass eine Verbesserung der Zufriedenheit von Bürger:innen mit diversen öffentlichen Aufgaben einen positiven hohen Effekt in bezug auf das Vertrauen von Bürger:innen in den Staat haben kann.

Eine weitere Studie vom Kompetenzzentrum öffentliche IT[12] stellt auch fest, dass ein ausgeprägtes Misstrauen gegenüber digitalen Verwaltungen in Deutschland herrscht. Die Bürger:innen fühlen sich hilflos und zweifeln an die Einhaltung von Datenschutz und IT Sicherheit bei den Behörden. Die Bürger:innen äußern als wichtigste Gründe für ihren Mistrauen Angst vor Überwachung (78%), unklares Bild über Zuständigkeiten (74%), anonymes Erscheinungsbild (60%) und mangelnde Transparenz (51%) – geben aber gleichzeitig und freiwillig ihre persönlichen Daten an die private Wirtschaft.

---

9 https://www.oeffentliche-it.de/documents/10181/14412/Vertrauensw%C3%BCrdige+digitale+Identit%C3%A4t+Baustein+f%C3%BCr+%C3%B6ffentliche+IT Zugriff 12.11.2021).

10 Siehe https://www.cio.bund.de/Web/DE/Innovative-Vorhaben/De-Mail/de_mail_node.html und https://www.bmi.bund.de/DE/themen/moderne-verwaltung/e-government/de-mail/de-mail-node.html (Zugriff 2.11.2021).

11 https://www.mckinsey.de/~/media/McKinsey/Locations/Europe%20and%20Middle%20East/Deutschland/Publikationen/Der%20Buerger%20im%20Mittelpunkt/der%20burger%20im%20mittelpunkt.pdf (Zugriff 1.12.2021).

12 https://www.oeffentliche-it.de/umfragen?entry=vertrauen (Zugriff 3.11.2021).

Die Studie von McKinsey (2019) zeigt, welche Aspekte der Kommunikation zwischen Bürger:innen und Behörden in Deutschland wichtig sind, um die Zufriedenheit – und damit das Vertrauen – von Bürger:innen in den Staat zu erhöhen. Die Studie empfiehlt eine differenzierende Perspektive der Sektoren des öffentlichen Dienstes anzunehmen, die die Bürger:innen nutzen je nach Präferenzen und demographischen Faktoren bei der Gestaltung von vertrauenswürdigen Angeboten und Kommunikationskanälen (Multikanal).

Darüber hinaus wird in der Studie vorgeschlagen, die relative Wichtigkeit der unterschiedlichen Dienstleistungen für verschiedene Bevölkerungsgruppen zu berücksichtigen, statt pauschalen Lösungen anzubieten.

2. Partizipative Methoden für die Gestaltung von Instrumenten

Für die Gestaltung von Instrumenten zur aktiven und sicheren Verbraucherteilhabe an digitalen öffentlichen Diensten wurden partizipativen Methoden in verschiedenen Forschungsphasen umgesetzt. Es wurde zunächst in einer explorativen Phase Literaturrecherchen und Experteninterviews gefolgt von einer quantitativen Analyse von Verbraucherakzeptanzformen der öffentlichen online Dienste am Beispiel von Nutzerkonten in Gruppen mit verschiedenen digitalen Kompetenzen durchgeführt. Aus den Ergebnissen von diesen Analysen und von Design-Thinking-Sitzungen im Rahmen vier Veranstaltungen mit VIBB-Studierenden an der TH-Wildau wurden diversen Instrumenten (Icons, Infographics, Navigationshinweise) entwickelt und evaluiert.

In Anlehnung an die Akzeptanzforschung aus der Perspektive des Digital Divides (z. B. Choudrie und Dwivedi 2015) sind wir in unserer quantitative Umfrage davon ausgegangen, dass die Akzeptanzdimensionen wahrgenommene Nutzbarkeit und wahrgenommene Nutzerfreundlichkeit von Datenschutz und Datensicherheit Maßnahmen durch Vertrauen in der Verwaltung und digitalen Kompetenzen sowie Digital-Divide-Faktoren wie Geschlecht, Einkommens- sowie Bildungsniveau, Breitband-Zugang, Alter und Sprachkenntnisse beeinflusst werden.

Die theoretische Annahme (s. Abbildung 1), die wir aus unserer Literaturrecherche ableiten, lautet: *Digitale Kompetenzen, Selbstbewusstsein in Bezug auf Datensicherheit und Datenschutz, Verständnis der bereitgestellten Datensicherheits- und Datenschutzinformationen, Benutzerfreundlichkeit, wahrgenommene Nützlichkeit sowie Vertrauen in die Regierung beeinflussen die Absicht, den öffentlichen Online-Dienst zu nutzen.* Die Digitalisierung der öffentlichen Dienste hat sich in den letzten Jahren in Zusammenarbeit mit zahlreichen Akteur:innen, u. a. aus der Wirtschaft und der Verwaltung langsam entwickelt. Unterschiedlichen Sicherheits- und Datenschutzdilemmas sowie Interventionsherausforderungen haben diese Akteur:innen konfrontieren müssen. Mehrere staatliche Verwaltungsebenen (Bund, Land, Kommunen) und externe IT-Unternehmen wirken in die Bereitstellung von OPS, bisher teilweise in redundanter Weise.

Bezüglich der Dimension Vertrauen sehen sich Bürger:innen mit fragmentierten OPS mit spezifischen Anforderungen an private Daten konfrontiert, die ihr Vertrauen in Electronic-Government-Lösungen herausfordern. Als Antwort auf dieses Fragmentierungs- bzw. Zentralisierungsdilemma von OPS bietet das Onlinezugangsgesetz (OZG) (Rackwitz et al. 2021) in Deutschland als eine rechtliche Grundlage für den Aufbau von Online-Single-Points of Contact mit der Regierung für Bürger und Unternehmen. Aufgrund der Umsetzung des OZG müssen Bund, Länder und Kommunen bis 2022 alle ihre öffentlichen Dienste online bereitstellen („digital first“) und die Kompatibilität dieser Dienste innerhalb eines gemeinsamen Gateways („Portalverbund“) gewährleisten.

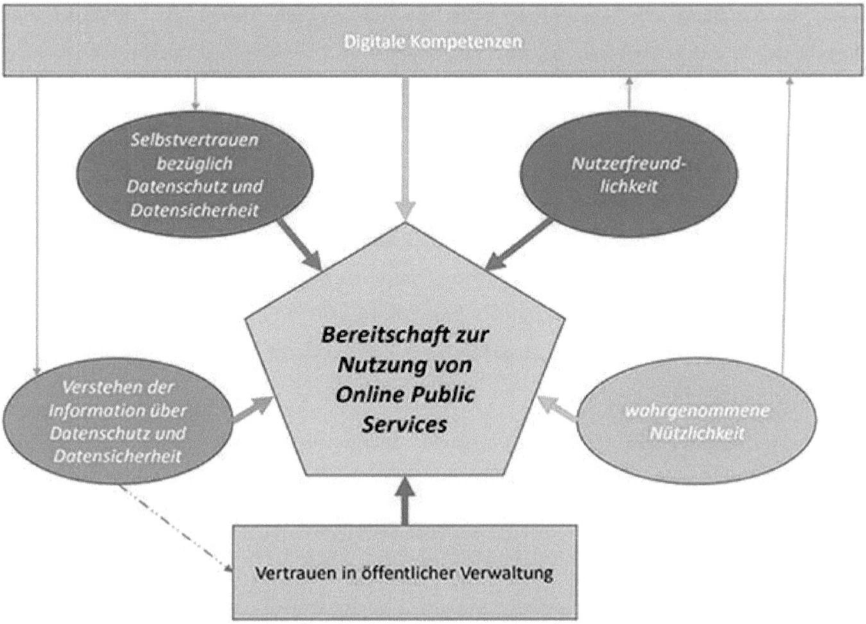

Abbildung 1: Theoretisches Model für die Analyse der Akzeptanz von Nutzerkonten

Die im Rahmen des OZG entwickelten Single Contact Points ermöglichen die Nutzung von OPS in einem Portal mit einem einzigen Identifikationsverfahren. Die Zentralisierung der Bürgeridentifizierung und -authentifizierung soll die Interaktionen zwischen Bürger:innen und Behörden vereinfachen und den Datenschutz verbessern. Daraus stellt sich die Frage: Sind diese zentralisierten Portale in Bezug auf Datensicherheit und Datenschutz vertrauensvoller als die fragmentierten Portale, an die die Bürger bereits gewöhnt waren? Können sich die Bürger:innen an neue einheitliche Sicherheits- und Datenschutzprotokolle anpassen? Wie viel Transparenz in Bezug auf Datensicherheit und Privatsphäre wird von den Bürger:innen mit ihren unterschiedlichen digitalen Kenntnissen und Fähigkeiten vorausgesetzt, um Vertrauen zwischen Bürger:innen und Behörden zu etablieren?

Im Zusammenhang mit der Dimension Vertrauen stellt sich auch die Frage, wie viele Informationen über Datensicherheit und Datenschutz in OPS ausreichend sind, um Ausgrenzungen von Bürger:innen zu vermeiden. Einerseits sollen die Bürger:innen mit allen Informationen, die sie benötigen, bestmöglich informiert werden, andererseits sollen die Bürger:innen nicht mit zu vielen Informationen überfrachtet werden, die sie nicht vollständig verstehen können und wahrscheinlich sogar ihr Interesse an OPS gefährden könnten.

Auch die Gestaltung der Benutzeroberfläche von Nutzerkonten könnte das Vertrauen der Bürger:innen in OPS beeinflussen. Ein ähnliches Aussehen und Verhalten von Benutzeroberflächen könnte den Bürger:innen ein Gefühl von Sicherheit und Geborgenheit anbieten. Die unterschiedlichen OPS-Designs in fragmentierten OPS-Umgebungen, die vor der OZG-Implementierung vorhanden waren, könnten zu Misstrauen führen (s. oben 1.4.). Ein weiterer Aspekt, der mit Vertrauen gegenüber OPS verbunden ist, ist die Weitergabe personenbezogener Daten. Bei bestimmten OPS ist nicht klar, welche konkreten Daten zwischen den verschiedenen Akteur:innen ausgetauscht werden (Bürger – Regierung/private Stellen, Behörden – IT-Unternehmen/private Stellen, Behörden untereinander). Die Verwendung eines Single-Point-Authentifizierungsverfahrens wirft die Frage auf, welche spezifischen Daten für jeden der verschiedenen zugänglichen Dienste ausgetauscht werden. Wie viel Transparenz erwarten die Bürger:innen?

Teilen die verschiedenen (staatlichen/privaten) Stellen die Informationen und erhalten unterschiedliche Zugangsstufen zu ihnen? Im Falle von Datenlecks – welche konkreten personenbezogenen Daten sind gefährdet? Wo werden die unterschiedlichen sensiblen Daten gespeichert? Werden alle Informationen an einem einzigen Punkt gespeichert oder sind sie aufgeteilt?

Bezüglich der Dimension digitalen Kompetenzen gibt es die Annahme, dass die Bürger:innen pauschal über die notwendigen digitalen Kompetenzen zur Nutzung von OPS verfügen und bereit sind, diese eigenständig wie von Behörden erwartet zu nutzen. Entgegen dieser Annahme sehen sich OPS-Entwickler:innen mit der anhaltenden digitalen Kluft konfrontiert: Nicht jede/r Bürger:in kann auf OPS zugreifen und sie bedienen. Bürger:innen erhalten kaum ausreichende Unterstützung, um bestehende Kompetenzdefizite insbesondere in Bezug auf Datensicherheit und Datenschutz auszugleichen. OPS-Entwickler nutzen verschiedene standardisierte Methoden (z. B. Personas), um sich der Herausforderung zu stellen, alle Bürger:innen für die Bereitstellung von OPS einzubeziehen und gleichzeitig Datensicherheit und Datenschutz zu gewährleisten. Gleichzeitig wird von Bürger:innen eine aktive digitale Partizipation erwartet und entsprechende digitale Skills vorausgesetzt, insbesondere in Bezug auf Datensicherheit und Datenschutz, auch wenn es bekannt ist, dass digitale Lücken (z.B. Infrastrukturzugang, Wissen und Kompetenzen) bestimmte Gruppen von Bürger:innen ausschließen. Eine diversifizierte und digital souveräne Teilhabe von Bürger:innen an die Gestaltung und Nutzung von OPS hängt von der Anpassung der digitalen Angebote an die sehr unterschiedlichen digitalen Kompetenzen von Bürger:innen ab. Pauschalisierungen von digitalen Kompetenzen reichen nicht für eine vertrauenswürdige und digital souveräne Beteiligung der Bürger:innen an der Nutzung von OPS. Spezifische Kontextwissen bezüglich Datenschutzes und Sicherheit für die spezifische Nutzung jedes OPS in Nutzerkonten ist nach unseren Erwartungen ebenfalls erforderlich.

Zusammenfassend gehen wir davon aus, dass die Akzeptanz der Nutzerkonten bzw. Servicekonten im Zusammenhang mit digitalen Kompetenzlücken und dem Vertrauen in OPS stehen.

2.1 Annahmen

Wie oben beschrieben erwarten wir, dass die Bereitschaft zur Nutzung von OPS von digitalen Kompetenzen, Vertrauen und Usability der Nutzerkonten abhängig ist. OPS sollten zugänglich und verständlich sein, ohne Ausgrenzung von Bürger:innen und unabhängig von Unterschieden an digitalen Kompetenzen.

1. Annahme: Digitale Kompetenzen beeinflussen die Bereitschaft zur Nutzung von OPS. Je höher die digitalen Kompetenzen sind, desto höher ist die Bereitschaft zur Nutzung von OPS.

Gleichzeitig sollten sich die Bürger ihrer Verantwortung und der damit verbundenen Risiken des Datenschutzes bewusst sein, wenn sie öffentliche Dienste online nutzen und ihre personenbezogenen Daten austauschen.

2. Annahme: Je höher das Selbstvertrauen der Bürger:innen bezüglich Datenschutz und Datensicherheit ist, desto höher ist ihre Bereitschaft zur Nutzung von OPS.

Verantwortlichkeiten bei der Nutzung digitaler Technologien gelten auch für Beamte und IT-Anbieter für die Verwaltung und Bereitstellung öffentlicher Dienste in Online-Umgebungen. Diese unterschiedlichen Verantwortlichkeiten sind oft unklar und undurchsichtig und können die Akzeptanz von OPS einschränken.

3. Annahme: Je deutlicher bzw. transparenter die Verantwortlichkeiten bezüglich Datenschutz in den Nutzerkonten/Servicekonten als OPS wahrgenommen werden, desto höher ist das Vertrauen der Bürger:innen in diese.

4. Annahme: Je höher das Verständnis der Bürger:innen über die angebotenen Datenschutz- und Datensicherheit-Maßnahmen in den Nutzerkonten/Servicekonten sind, desto höher ist ihre Bereitschaft zur Nutzung dieser.

5. Annahme: Je höher das Verständnis der Bürger:innen über die angebotenen Datenschutz- und Datensicherheit-Maßnahmen in den Nutzerkonten sind, desto höher ist ihr Vertrauen in diese.

Einige Empfehlungen aus dem aktuellen Projekt „Cyber Security for Europe“ Halunen (2020: iii) sind hilfreich, um Interventionsinstrumente zur Verbesserung der Akzeptanz und verantwortungswürdige Gestaltung von Nutzerkonten zu konzipieren: eine frühzeitige Einbeziehung der Nutzer:innen sollte sichergestellt werden: Somit also aktive Partizipation. Benutzermodellierung und/oder Benutzertests von Sicherheits- und Datenschutzfunktionen sollten durchgeführt werden und es sollten

Authentifizierungsmethoden bereitgestellt werden, die sowohl sicher als auch datenschutzkonform sind.

Grundsätzlich beziehen sich diese Empfehlungen auf Usability-Merkmale (Nutzerfreundlichkeit und wahrgenommene Nützlichkeit), die üblicherweise in Technologieakzeptanzkonzepten berücksichtigt werden und beinhalten die Einbeziehung der Benutzer in den Designprozess. Merkmale der Technologieakzeptanz wie Benutzerfreundlichkeit, Handhabung, Selbstbewusstsein bei der Nutzung und Wahrnehmung der Nützlichkeit konzentrieren sich auf die Funktionalität der Technologie (in unserem Fall der Nutzerkonten/Servicekonten als OPS) und auf psychologische Aspekte der Technologienutzung. Unsere konzeptionellen Ideen zur Entwicklung brauchbarer Sicherheitstools für den Kontext von OPS beinhalten darüber hinaus jedoch weitere Aspekte wie das Verständnis von Datensicherheit und Datenschutz sowie Vertrauen in die Regierung und in Electronic Government (Bélanger und Carter, 2008; Teo et al. 2008; Alzahrani et al., 2017).

Wir gehen davon aus, dass die Kombination der verschiedenen Merkmale der Akzeptanz von öffentlichen Online-Diensten, die in früheren Untersuchungen analysiert wurden, je nach den digitalen Fähigkeiten der Bürger:innen und den konkreten öffentlichen Online-Dienste-Bedürfnissen variieren wird. Daher wird von Personen, die bestimmte OPS in Nutzerkonten (z. B. Kita-Anmeldung) in Anspruch nehmen müssen, eine positive Wahrnehmung der Nützlichkeit von Nutzerkonten erwartet. Personen, die nicht-digitale Alternativen gewohnt sind und keine digitalen Kanäle benötigen, werden den Nutzen der digitalen Alternativen nicht zwingend positiv anerkennen. Personen, die Electronic Government vertrauen, sind nach unseren Erwartungen zudem weniger daran interessiert, Datensicherheit und Datenschutz zu verstehen. Dieses erwartete Phänomen könnte als „blindes Vertrauen" in OPS in Bezug auf Datensicherheit und Datenschutz bezeichnet werden. Implizit wäre in dieser Situation eine geringe Erfüllung der digitalen Souveränität zu erwarten. Auf jeden Fall zeigt sich eine große Komplexität bei der Fragestellung und Interpretation.

Auf den nächsten Seiten diskutieren wir die relevantesten Ergebnisse unserer Umfrage.

2.1 Umfrage zur Nutzungsakzeptanz von digitalen öffentlichen Diensten

Die IVTOPS-Umfrage hat zwischen dem 11. April und dem 5. Mai 2022 stattgefunden. Der Fragebogen[13] wurde zuerst getestet und überarbeitet. Insgesamt haben 32 Personen an der Umfrage teilgenommen.

Wegen der zu geringen Beteiligung können nur deskriptive Analysen der Daten durchgeführt werden. Die ursprünglich formulierten Hypothesen bzw. Annahmen können so nicht überprüft werden. Nichtsdestotrotz sind die formulierten Annahmen wichtige leitende Orientierungsideen für unsere quantitative und qualitative Analysen sowie für die Ergänzung von beiden Methoden und für die weiteren Phasen der partizipativen Gestaltung der Instrumente und ihre Evaluation.

Die Umfrage beinhaltete geschlossene und offene Fragen bzw. sogenannte „Itembatterien" zu folgenden Themen: 1. Digitale Kompetenzen, 2. Digitale Souveränität, 3. Selbstvertrauen, 4. Vertrauen, 5. Nutzerfreundlichkeit von Nutzerkonten, 6. Verstehen der Informationen über Datenschütz und Datensicherheit, 7. Wahrgenommene Nützlichkeit, 8. Bereitschaft zur Nutzung von Online Public Services.

Darüber hinaus wurde eine Registrierungsaufgabe in die Umfrage integriert. Die Teilnehmenden wurden darum gebeten, die Nutzerkonten/Servicekonten der Länder Brandenburg und/oder Berlin im Internet zu besuchen und dort die Schritte der Registrierung zu gehen, ohne diese tatsächlich abzuschließen. Fragen zu digitalen Kompetenzen sowie über das Verstehen der Informationen über Datenschutz und Datensicherheit, Bereitschaft zur Nutzung dieser Konten und über wahrgenommene Nützlichkeit wurden danach den Probanden gestellt.

Im Folgenden werden die deskriptiven Analysen dargestellt.

2.2.1 Digitale Kompetenzen

Die Erfassung der digitalen Kompetenzen wurde mit vier Fragenobjekten („items") in der Umfrage integriert. Die Teilnehmer:innen wurden vor und nach der Registrierungsaufgabe mit diesen vier Items konfrontiert. Abbildung 2 zeigt (unten) die Ergebnisse der ersten Erfassung von digitalen Kompetenzen vor der Registrierungsaufgabe: Die Mehrheit der Teilnehmer:innen fühlen sich kompetent, um die Zuverlässigkeit von Informationen und Fehlinformationen einzuschätzen; 21% der Teilnehmer:innen sind unentschieden und 7% lehnt sogar die Behauptung ab, dass sie kompetent dafür sind.

13

Siehe Anhang 2.

Die Kompetenz, um mit anderen Personen digital zu kommunizieren und zu kooperieren wird von der Mehrheit behauptet. Auch bezüglich des sicheren und verantwortungsbewussten Einsatzes von digitalen Technologien oder der kreativen Nutzung von digitalen Medien, um konkrete Probleme zu lösen, fühlen sich die Telnehmer:innen mehrheitlich kompetent.

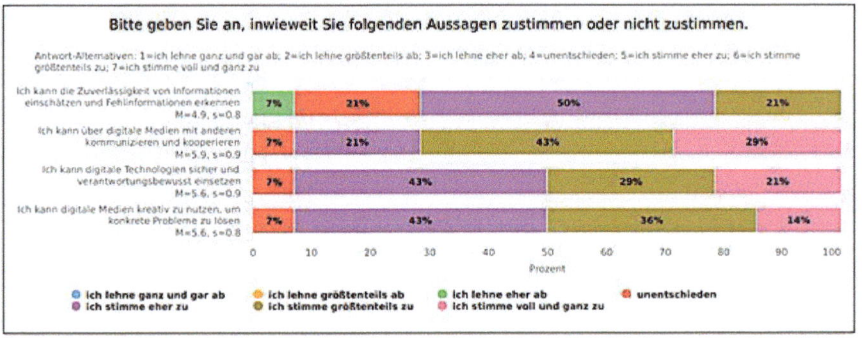

Abbildung 2: Digitale Kompetenzen

Die Teilnehmer:innen wurden auch darum gebeten, sich in einer bestimmten Gruppe (Entdecker:innen, Expert:innen, Insider:innen, Leader:innen, Einsteiger:innen) selbst einzutragen. Vor der Registrierungsaufgaben (s. Abbildung 3 unten) trug sich die Mehrheit der Teilnehmer:innen (46,7%) in der Gruppe der Entdecker:innen ein gefolgt von der Gruppe der Expert:innen (26,7%) und der Insider (20,3%). Nach der Registrierung (s. Abbildung 4) trugen sich weniger Teilnehmer:innen bei den Entdecker:innen und Expert:innen Gruppen ein, während eine Person sich als Einsteiger:in selbst klassifizierte.

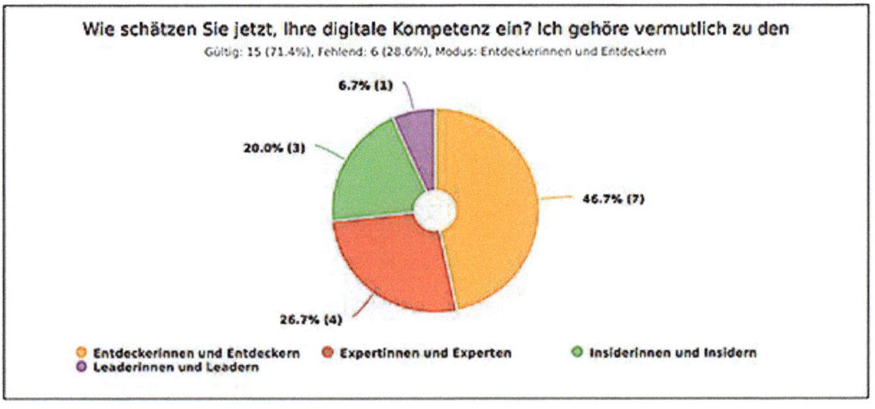

Abbildung 3: Eigene Einschätzung digitalen Kompetenzen vor der Registrierung

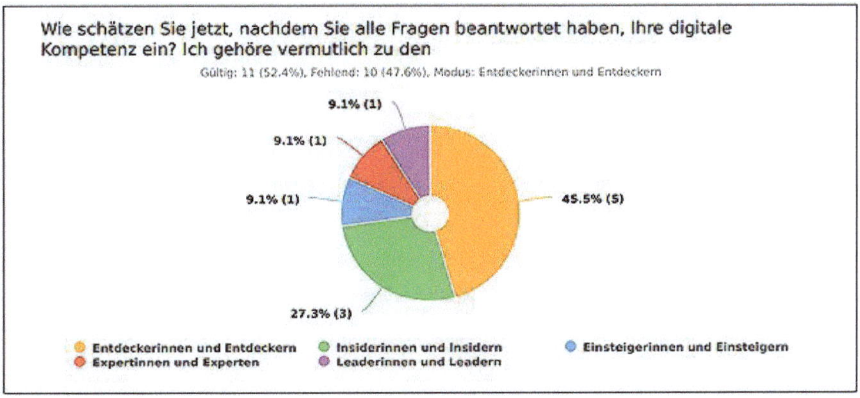

Abbildung 4: Einschätzung eigenen digitalen Kompetenzen nach der Registrierungsaufgabe

2.2.2 Digitale Souveränität

Für die Messung der digitalen Souveränität wurden drei Items formuliert und zwar im Zusammenhang mit dem Zugang zu öffentlichen Online-Diensten, dem Verstehen der Informationen bezüglich Datenschutzes und der Selbstentscheidung über die Weitergabe von privaten Daten. Die Mehrheit der Teilnehmer:innen lehnte die Behauptung ab (27%) oder ganz und gar ab (18%), dass sie bei der Registrierung beim Servicekonto jederzeit über die Weitergabe der eigenen privaten Daten selbst entscheidet. 36% der Teilnehmer:innen war unentschieden über diese Behauptung. Auch das Verstehen aller Informationen in den Protokollen über Datenschutz wird von der Mehrheit der Teilnehmer:innen abgelehnt. 18% der Teilnehmer:innen sind unentschieden. Der Zugang zu öffentlichen Online-Diensten ist für die Mehrheit der Teilnehmer:innen unproblematisch (27% stimmt eher zu, 9% stimmt größtenteils zu und 18% stimmt voll und ganz zu). Dennoch stimmt 18% der Teilnehmer:innen eher ab, 9% lehnt größtenteils ab und 9% lehnt ganz und gar ab, dass der Zugang zu öffentlichen Online-Diensten für sie unproblematisch ist.

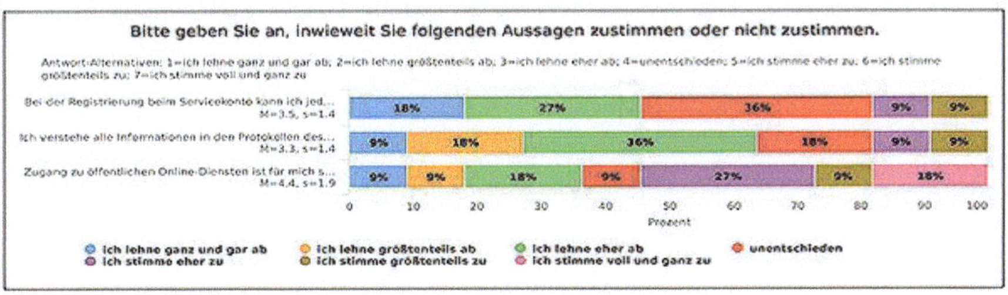

Abbildung 5: Einschätzung über digitale Souveränität

2.2.3 Selbstvertrauen

Das Selbstvertrauen der Teilnehmer:innen bei der Nutzung von öffentlichen Diensten wurde anhand sechs Items erfasst: u.a. Vertrautheit mit der Kommunikation mit öffentlichen Diensten über digitale Medien und die Einschätzung der Fähigkeiten, öffentliche Dienste online zu nutzen und die Datenschutz-Kenntnisse bei der online Kommunikation.

Die Mehrheit der Teilnehmer:innen fühlt sich vertraut mit der Kommunikation mit öffentlichen Online-Diensten, mit dem Finden von Informationen über öffentlichen Online-Diensten oder mit den Richtlinien über die Weitergabe von persönlichen Daten an Dritte. Dennoch äußert sich 27% der Teilnehmer:innen unentschieden über die Kommunikation mit öffentlichen Online-Diensten. Auch über die Zeit, die private Daten gespeichert bleiben dürfen, wenn Online-Dienste genutzt werden. Ein Viertel der Teilnehmer:innen (jeweils 29% und 27%) sind darüber unsicher und zu welchem Zweck persönliche Daten verarbeitet werden dürfen. Darüber hinaus zeigen sich die Teilnehmer:innen eher skeptisch insbesondere über die Zeit, die persönlichen Daten bei der Nutzung von Online-Diensten gespeichert bleiben dürfen: 29% der Teilnehmer:innen lehnt die Behauptung eher ab und 7% lehnt diese größtenteils ab.

Die Einschätzung eigener Kompetenzen, um öffentlichen Online-Diensten zu nutzen, ist bei 27% der Teilnehmer:innen eher negativ und 13% ist unentschieden darüber (s. Abbildung 6).

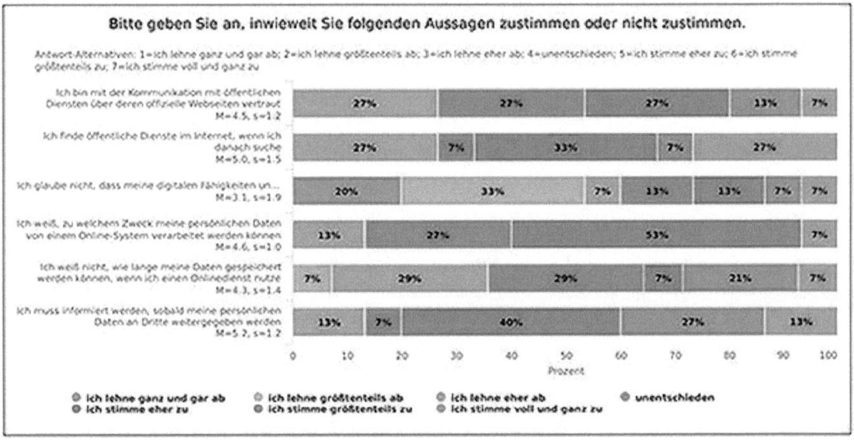

Abbildung 6: Eigenes Selbstvertrauen in der Nutzung von öffentlichen Online-Diensten

2.2.4 Vertrauen

Damit können wir die Erfahrungen im Projekt IVTOPS mit öffentliche Online-Diensten wie folgt zusammenfassen.

Positiv:

- *Beantragung von Briefwahlunterlagen hat den Prozess der Wahl vom Ausland aus enorm beschleunigt und vereinfacht. Das hat bisher sehr gut funktioniert.*
- *Beantragung von Kindergeld und elektronische Steuererklärung haben funktioniert.*
- *Einfache Buchung von Terminen bei Kfz-Zulassung ergibt keine Erfahrung.*
- *Schnelle und einfache Meldebescheinigung und die Beantragung von Briefwahlunterlagen konnte mit einer effektiven Abwicklung ohne Warte- und Öffnungszeiten bestätigt werden.*

Negativ:

- *Abbruch von Formularen beim Online-Ausfüllen/ Fehlermeldungen ohne erkennbaren Grund*
- *Datenklau und Überforderung von Behörden im Allgemeinen (Presse)*
- *Lange Reaktionszeiten auf Emails. Ohne telefonisches Nachhaken passiert oft gar nichts.*
- *Mein Handy ist nicht NFC kompatibel und deswegen konnte ich bisher nicht die Online-Funktion meines Personalausweises nutzen*
- *Verwendung/Vorkommen von Begriffen, die im normalen Sprachgebrauch nicht vorkommen oder schwerer verständlich sind, ohne diese zu erklären, während sie jedoch für die Dokumente oder deren rechtliche Richtigkeit relevant sind*
- *Widersprüchliche und falsche Informationen, z.B. die per Brief und online angegebenen Uhrzeiten der Telefonsprechstunde stimmen nicht überein und - noch wichtiger - beide Angaben sind falsch, denn zu keiner der angegebenen Zeiten ist das Telefon besetzt. Erreicht man eine Person telefonisch, per Mail oder persönlich, werden die Aufgaben nur selten und sehr schleppend erledigt. Weist man auf Fehler hin, werden diese nicht korrigiert, die Verantwortung wird beliebigen Stellen zugeschoben und man erhält keine Bitte um Entschuldigung. Ein weiteres Beispiel: Die zentrale Bezügestelle verweigert die Auszahlung des vertraglich vereinbarten Lohnes mit der Aussage (wörtliches Zitat ZBB): "Was in Ihrem Vertrag steht, interessiert mich nicht."*

Es besteht daher auf allen Ebenen dringender Handlungsbedarf für ganzheitliche systemische Kommunikation: fachliche Kompetenz, Kommunikationskompetenz, Arbeitsprozesse, Partizipation und Überprüfung.

Das Vertrauen in das Nutzerkonto/Servicekonto wurde mit sechs Items (Fragenobjekte) erfasst. Abbildung 7 zeigt eine Zusammenfassung der Umfrage-Ergebnisse. Die größte Mehrheit der

Teilnehmer:innen vertrauen die Kompetenz und Effektivität der Nutzerkonten/Servicekonten, um Bürger:innen zu unterstützen (55% stimmt eher zu und 18% stimmt größtenteils zu).

Der Auftrag der Nutzerkonten/Servicekonten im Interesse der Bürger:innen wird von der Mehrheit der Teilnehmer:innen als positiv bewertet (64% stimmt eher zu und 18% stimmt größtenteils zu). Die Zustimmung für die Einhaltung des Datenschutzes und der Datensicherheit in den Nutzerkonten wird auch von der Mehrheit der Teilnehmer:innen positiv bewertet (36% stimmt eher zu und 27% stimmt größtenteils zu und 18% stimmt voll und ganz zu).

Nichtsdestotrotz fühlt sich über einen Viertel der Teilnehmer:innen unsicher, wenn sie Informationen über das Nutzerkonto/Servicekonto senden - 27% stimmen eher zu, 9% stimmen größtenteils zu und 9% der Teilnehmer:innen stimmt voll und ganz zu). Darüber hinaus lehnt die Mehrheit der Teilnehmer:innen die Behauptung ab, dass sie sich nicht auf die Informationen in den Nutzerkonten/Servicekonten verlassen können (18% der Teilnehmer:innen lehnt eher ab, 27% lehnt die Behauptung größtenteils ab und 18% lehnt diese Behauptung ganz und gar ab).

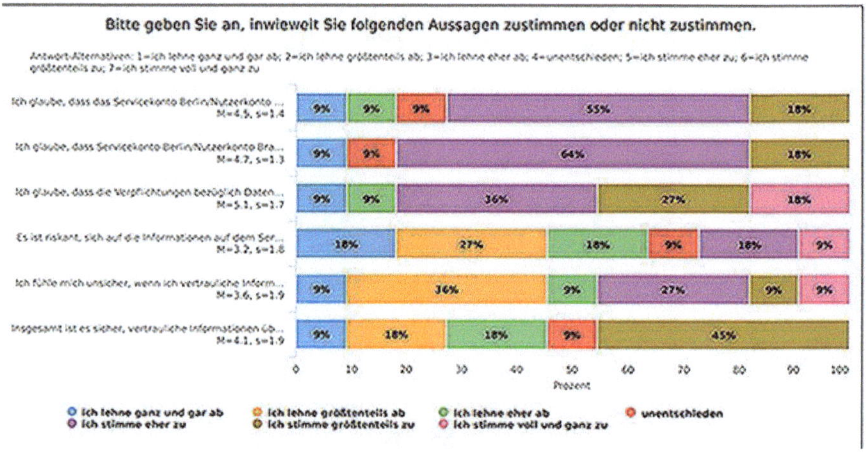

Abbildung 7: Vertrauen in das Nutzerkonto/Servicekonto

2.2.5 Nutzerfreundlichkeit

Für die Messung der Nutzerfreundlichkeit der Nutzerkonten/Servicekonten wurden drei Items verwendet, u.a. solche, die Auskunft über die Einfachheit der Registrierung geben und auch darüber, wie die Teilnehmer:innen in der Webseite sich zurecht gefunden haben. Darüber hinaus wurde nachgefragt, welche Art der Unterstützung bei der Registrierung in den Nutzerkonten erwünscht ist (s. Abbildung 8 und 9). Die Mehrheit der Teilnehmer:innen empfindet die Registrierung im Allgemeinen als einfach (36% der Teilnehmer:innen stimmt die Behauptung voll und ganz, 18% stimmt größtenteils zu und 9% stimmt eher zu). Auch die Bedienung der Registrierung in das Nutzerkonto empfindet die Mehrheit der Teilnehmer:innen nicht als umständlich. Dennoch stimmt 45% der Teilnehmer:innen die Behauptung zu, dass die Bedienung der Registrierung umständlich sei (36% der Teilnehmer:innen stimmt die Behauptung eher zu und 9% voll und gar zu).

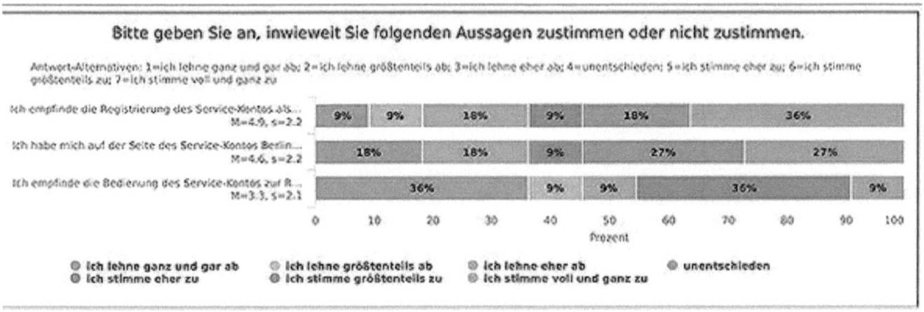

Abbildung 8: Nutzerfreundlichkeit des Nutzerkontos und der Nutzerkonto-Registrierung

Abbildung 8 zeigt die Umfrageergebnisse über die erwünschten Arten der Unterstützung bei der Registrierung in das Nutzerkonto/Servicekonto. Die Mehrheit der Teilnehmer:innen (66,7%) wünscht sich eine spezifische Erklärung bei den jeweiligen Dateneingaben und 41,7% wünscht sich eine persönliche Unterstützung am Telefon. Seltener wurden von den befragten Probanden die Optionen „Links zum entsprechenden Gesetztext", „Chatbot" und „kurze Videos" erwünscht.

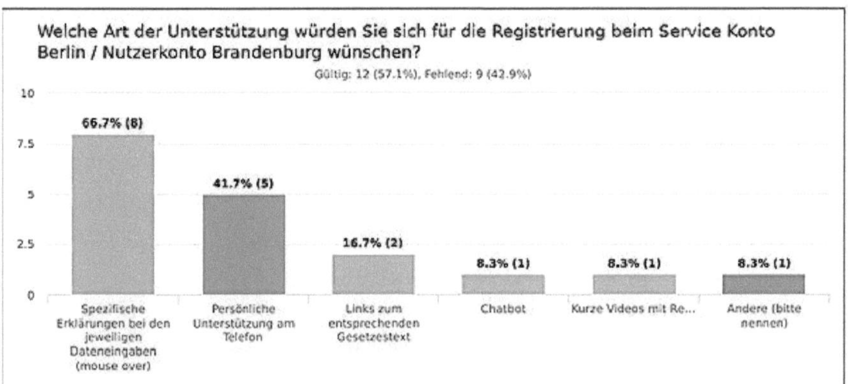

Abbildung 9: Erwünschte Art der Unterstützung bei der Registrierung in das Nutzerkonto

2.2.6 Verstehen der Informationen über Datenschütz und Datensicherheit

Um herauszufinden, inwieweit die Teilnehmer:innen der Umfrage die Informationen über Datenschutz und Datensicherheit in den Nutzerkonten verstehen und welche konkrete Informationen sie dafür benötigen, wurde eine offene Frage in der Umfrage integriert:

Welche Informationen benötigen Sie, um sich bei der Nutzung von öffentlichen Online-Diensten sicher zu fühlen?

Darüber hinaus wurde nachgefragt, ob die Informationen über Datenschutz und Datensicherheit bei der Registrierungsaufgabe in das Nutzerkonto gelesen wurden (s. Abbildung 10) und welche Art der Informationsvermittlung bevorzugt wurde (Abbildung 11).

Um zu überprüfen, ob die Teilnehmer:innen die Informationen über Datenschutz und Datensicherheit gelesen hatten, wurden die sie darum gebeten, den Name des/r Verantwortlichen des Datenschutzes der Nutzerkonten-Seiten (Berlin und Brandenburg je nach Auswahl durch den Teilnehmer:innen) einzugeben. Weitere Items wurden in die Umfrage integriert, um das Verstehen des Datenschutzes und der Datensicherheit der Nutzerkonten nach der Registrierungsaufgabe zu überprüfen (s. Abbildung 12). Die Teilnehmer:innen wurden auch nach ihre Einschätzung über die Sensibilität der Daten (s. Abbildung 13) nachgefragt, die sie für die Registrierung in das Nutzerkonto benötigen.

Die Antworten auf die offene Frage über die benötigten Informationen, um sich sicher bei der Nutzung von öffentlichen Online-Diensten zeigen, dass die Teilnehmer:innen sich vor allem Gedanken über die Anonymisierung ihren Daten und die Vermeidung von Datenleaks bzw. Weitergabe an Dritten machen. Darüber hinaus sollen ihre persönlichen Daten nach der Datenschutzgrundverordnung (DGSVO) der EU korrekt behandelt werden. Einige Beispiele von Antworten der Teilnehmer:innen unserer Umfrage sind:

- *Dass es sich um bei den Datenverarbeitenden um Behörden handelt und meine Daten bei öffentlichen Stellen bleiben*
- *Datenschutzerklärung, Cookie-Einstellungen, keine hinterrücks durchgeführte Anmeldung zu irgendwelchen Newslettern, telefonischer oder postalischer Werbung, keine Weitergabe der Kontaktdaten, verschlüsselte Online-Kommunikation, Verarbeitung des Anliegens und Lösung des Problems statt Strategie des "schwarzen Loches", bei der alle Anfragen und Anliegen auf Nimmerwiedersehen verschwinden bzw. Strategie des "Ping-Pong", bei der man endlos hingehalten wird, stets neue, sich widersprechende Informationen erhält und kein Mitarbeiter weiß, was vorher vereinbart wurde.*
- *Datensicherheit, Datenweitergabe, Dauer der Speicherung, wer diese Daten schützt und vereinfacht, wie diese geschützt werden*
- *Hinweis, dass meine Daten anonymisiert und nicht weiterverkauft werden oder anderweitig genutzt werden.*

Während der Registrierungsaufgabe in das Nutzerkonto haben die Mehrheit der Teilnehmer:innen (58,3%) die Informationen über Datenschutz und Datensicherheit **nicht** gelesen; 33,3% der Teilnehmer:innen haben diese Informationen teilweise gelesen.

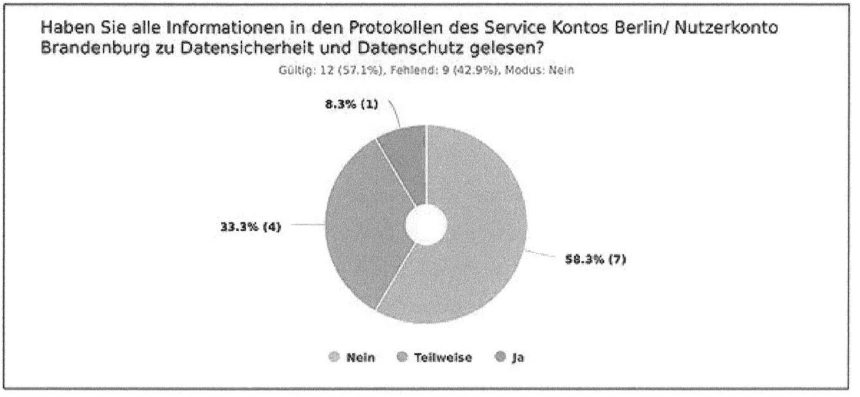

Abbildung 10: Lesen von Informationen über Datenschutz und Datensicherheit bei der Registrierung in das Nutzerkonto

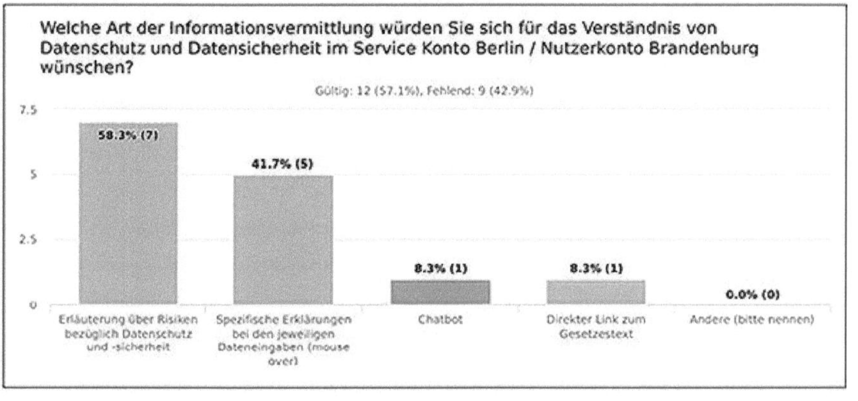

Abbildung 11: Erwünschte Art der Informationsvermittlung über Datenschutz und Datensicherheit bei der Registrierung in das Nutzerkonto

Ähnlich wie bei der Frage über die erwünschte Unterstützung bei der Registrierung in das Nutzerkonto/Servicekonto sind Chatbots und die Links zu Gesetztext von den Teilnehmer:innen als Art der Informationsvermittlung für das Verständnis von Datenschutz und Datensicherheit in den

Nutzerkonten am wenigsten erwünscht. Die Mehrheit (58,3%) der Teilnehmer:innen bevorzugen eine direkte Erläuterung über Risiken bezüglich Datenschutz und Datensicherheit und 41,7% der Teilnehmer:innen wünschen spezifischen Erklärungen bei den jeweiligen Dateneingaben.

Auf die Frage über die Verantwortlichen für Datenschutz bei der Nutzerkonten (*Bitte notieren Sie, wer auf der Website des Servicekontos Berlin/ Nutzerkonto Brandenburg für Datenschutzanfragen verantwortlich ist.*) spiegeln die Antworten der Teilnehmer:innen vor allem Unsicherheit wider. Einige Teilnehmer:innen gaben ein, dass sie nicht wussten, wer für Datenschutz des Nutzerkontos/Servicekontos verantwortlich ist. Andere Teilnehmer:innen identifizierten die Senatsverwaltung für Inneres und Sport oder den Berliner IT-Dienstleister (ITDZ) als Datenschutz-Verantwortlichen für das Nutzerkonto Berlin (genannt Servicekonto), während für das Brandenburg-Nutzerkonto der Brandenburgische IT-Dienstleister (ZIT-BB) von Teilnehmer:innen als Datenschutzverantwortliche angegeben wurde. Einige Beispiele der Antworten auf diese Frage sind:

- *Senatsverwaltung für Inneres und Sport*
- *Brandenburgischer IT-Dienstleiter*
- *ITDZ Berlin*
- *Keine Ahnung*
- *ZIT-BB*
- *nicht zu beantworten, da die Registrierung nicht möglich war. Es erscheint immer die Meldung "Registrierung fehlgeschlagen" ohne Begründung oder Handlungsanweisung. Einen Link zur Datenschutzerklärung oder dergleichen existiert nicht.*

Die Antworten auf die Fragen zu Datenschutz und Datensicherheit bei der Registrierung in das Nutzerkonto zeigen auch die Unsicherheit bezüglich ihres Verstehens. Die Mehrheit der Teilnehmer:innen weiß nicht, ob ihre IP-Adresse in einer reduzierten Form länger als 60 Tage gespeichert wird und, ob die gesammelten Daten nur auf Servern in Deutschland gespeichert werden. Auch über die Speicherung des Surfverhaltens während der Registrierung in das Nutzerkonto oder über die Speicherung der Daten zur Nutzung des Nutzerkontos länger als fünf Jahren zeigen sich die Teilnehmer:innen nicht sicher (45% der Teilnehmer:innen wissen nicht, ob das so ist). Sicher zeigten sich dennoch die Teilnehmer:innen im Zusammenhang mit dem Recht auf die Löschung ihren persönlichen Daten oder über die Weitergabe ihren persönlichen Daten an Dritten nur mit ihrer Zustimmung (s. Abbildung 12).

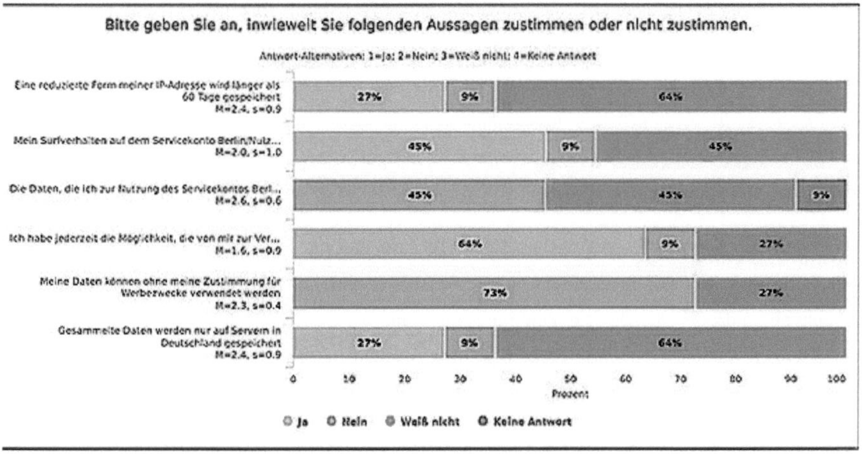

Abbildung 12: Überprüfung des Verstehens der Informationen über Datenschutz bei der Registrierung in das Nutzerkonto

Die Teilnehmer:innen wurden nach der Registrierungsaufgabe in das Nutzerkonto darum gebeten, die Sensibilität der nachgefragten Daten einzuschätzen. Die Mehrheit der Teilnehmer:innen geben zu, dass die Daten, die zur Registrierung in das Nutzerkonto nachgefragt werden, sensibel (50%) oder sehr sensibel (33%) sind; 17% der Teilnehmer:innen stufen diese nachgefragten Daten als nicht sensibel ein (s. Abbildung 13).

	Sehr sensibel (1)	Sensibel (2)	Nicht sensibel (3)	Überhaupt nicht sensibel (4)	Anz.	M	s
Für wie sensibel halten Sie die eingegebenen personenbezogenen Daten bei der Registrierungsaufgabe?	33 %	50 %	17 %	–	12	1.8	0.7

Tabelle 17 – Häufigkeiten:

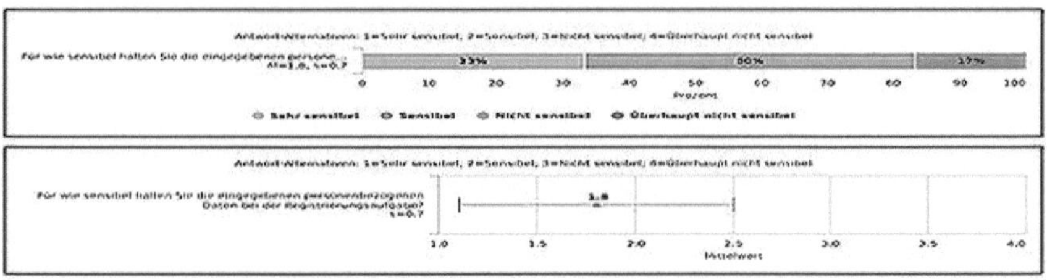

Abbildung 13: Einschätzung der Sensibilität der nachgefragten Daten bei der Registrierung in das Nutzerkonto

2.2.7 Nutzung und wahrgenommene Nützlichkeit von öffentlichen Online-Diensten

Die Teilnehmer:innen der Umfrage im Projekt IVTOPS wurden zunächst nach ihrer aktuellen und zukünftigen Nutzung von öffentlichen Diensten gefragt. Darüber hinaus wurden sie nach ihrer Kenntnis über eIDAS (Verordnung über elektronische Identifizierung und Vertrauensdienste)[14] und die Online-Ausweisfunktion des Personalausweises gefragt. Die wahrgenommene Nützlichkeit von öffentlichen Online-Diensten wurde dann anhand von 14 Items gemessen.

Die am meistens genutzten öffentlichen Online-Dienste sind die Suchdienste nach Informationen über Zuständigkeiten, Öffnungszeiten etc., die Online-Terminvereinbarung, das Herunterladen von Formularen und/oder die digitale Kommunikation mit Behörden. Weniger benutzt werden die Abwicklungen der elektronischen Steuererklärung, die Online-Bestellung von Urkunden und die Online-Beantragung der Meldebescheinigung. Noch seltener werden staatliche Unterstützungsleistungen und Kita-Scheine online beantragt. Während das Servicekonto Berlin einmal genutzt wird, werden eIDAS, die Nutzerkonten Bund und Brandenburg, die Online-Beantragung von Bewohner-Parkplätzen und Baugenehmigung bislang von keinen Teilnehmer:innen genutzt (s. Abbildung 14).

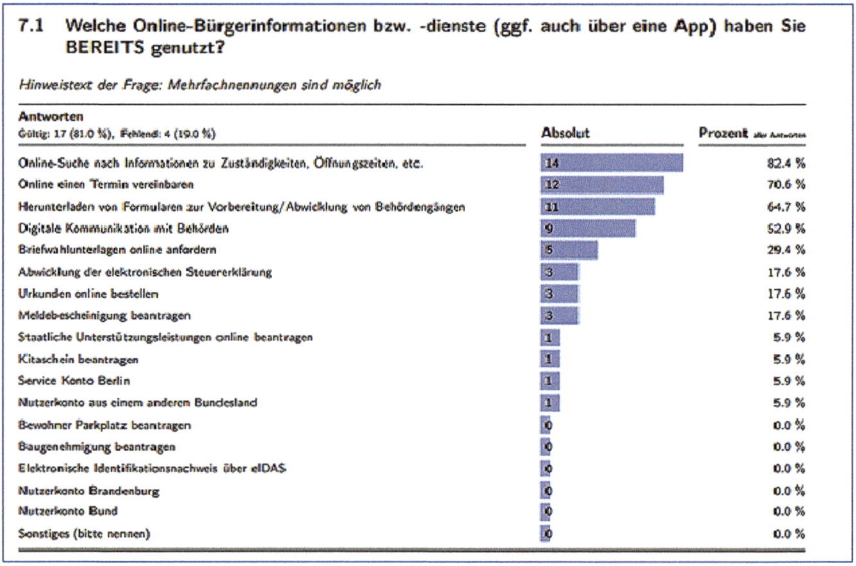
7.1 Welche Online-Bürgerinformationen bzw. -dienste (ggf. auch über eine App) haben Sie BEREITS genutzt?

Hinweistext der Frage: Mehrfachnennungen sind möglich

Antworten Gültig: 17 (81.0 %), Fehlend: 4 (19.0 %)	Absolut	Prozent aller Antworten
Online-Suche nach Informationen zu Zuständigkeiten, Öffnungszeiten, etc.	14	82.4 %
Online einen Termin vereinbaren	12	70.6 %
Herunterladen von Formularen zur Vorbereitung/Abwicklung von Behördengängen	11	64.7 %
Digitale Kommunikation mit Behörden	9	52.9 %
Briefwahlunterlagen online anfordern	5	29.4 %
Abwicklung der elektronischen Steuererklärung	3	17.6 %
Urkunden online bestellen	3	17.6 %
Meldebescheinigung beantragen	3	17.6 %
Staatliche Unterstützungsleistungen online beantragen	1	5.9 %
Kitaschein beantragen	1	5.9 %
Service Konto Berlin	1	5.9 %
Nutzerkonto aus einem anderen Bundesland	1	5.9 %
Bewohner Parkplatz beantragen	0	0.0 %
Baugenehmigung beantragen	0	0.0 %
Elektronische Identifikationsnachweis über eIDAS	0	0.0 %
Nutzerkonto Brandenburg	0	0.0 %
Nutzerkonto Bund	0	0.0 %
Sonstiges (bitte nennen)	0	0.0 %

14

Siehe z. B. https://www.bsi.bund.de/DE/Themen/Oeffentliche-Verwaltung/eIDAS-Verordnung/eidas-verordnung_node.html (Zugriff: 01.07.2023)

Abbildung 14: Nutzung von öffentlichen Online-Diensten

Die Nutzungserfahrungen unterscheiden sich von der Intention der zukünftigen Nutzung von öffentlichen Online-Diensten z. B. dadurch, dass Dienste, die noch nicht genutzt wurden, wie eIDAS, Nutzerkonten sowie Kita-Schein, Online-Beantragung von Baugenehmigung oder Bewohner-Parkplatz, in Zukunft etwas mehr genutzt würden (s. Abbildung 15).

7.2 Welche Online-Bürgerinformationen bzw. -dienste (ggf. auch über eine App) möchten Sie ZUKÜNFTIG gerne nutzen?

Hinweistext der Frage: Mehrfachnennungen sind möglich.

Antworten Gültig: 17 (81.0 %), Fehlend: 4 (19.0 %)	Absolut	Prozent aller Antworten
Online-Suche nach Informationen zu Zuständigkeiten, Öffnungszeiten, etc.	13	76.5 %
Online einen Termin vereinbaren	13	76.5 %
Herunterladen von Formularen zur Vorbereitung/Abwicklung von Behördengängen	10	58.8 %
Urkunden online bestellen	10	58.8 %
Abwicklung der elektronischen Steuererklärung	9	52.9 %
Digitale Kommunikation mit Behörden	8	47.1 %
Meldebescheinigung beantragen	7	41.2 %
Briefwahlunterlagen online anfordern	6	35.3 %
Staatliche Unterstützungsleistungen online beantragen	6	35.3 %
Elektronische Identifikationsnachweis über eIDAS	5	29.4 %
Service Konto Berlin	4	23.5 %
Nutzerkonto Bund	4	23.5 %
Nutzerkonto Brandenburg	3	17.6 %
Kitaschein beantragen	2	11.8 %
Baugenehmigung beantragen	1	5.9 %
Bewohner Parkplatz beantragen	1	5.9 %
Nutzerkonto aus einem anderen Bundesland	0	0.0 %
Sonstiges (bitte nennen)	0	0.0 %

Abbildung 15: Zukünftige Nutzungsintention von öffentlichen Online-Diensten

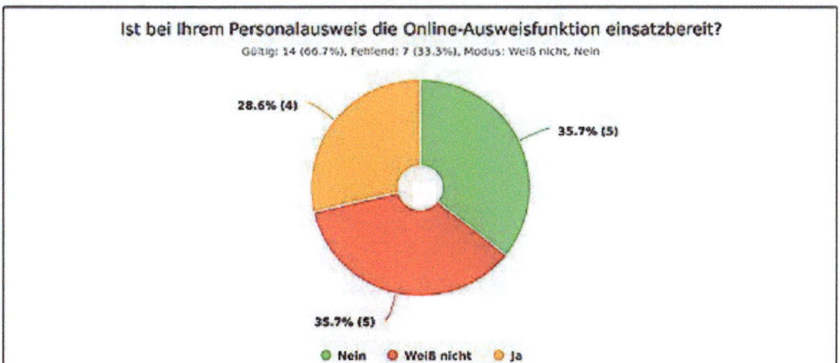

Abbildung 16: Einsatzbereitschaft der Online-Ausweisfunktion bei Personalausweis

Die Online-Ausweisfunktion des Personalausweises ist ebenfalls ein selten genutzter öffentlicher Online-Dienst. Hinsichtlich der Einsatzbereitschaft der Funktion haben 35,7% der Umfrage-Teilnehmer:innen diese Funktion in ihrem Personalausweises nicht einsatzbereit und 35,7% wissen nicht, ob diese Funktion aktiviert ist oder nicht. Etwas mehr als ein Viertel (28,6%) der Teilnehmer:innen haben diese Funktion einsatzbereit (s. Abbildung 16).

Die Nutzung der Online-Funktion des Personalausweises ist noch geringer als die Einsatzbereitschaft dieser Funktion unter den Teilnehmer:innen der Projektumfrage: 76,9% der Teilnehmer:innen haben diese Funktion nie genutzt (s. Abbildung 17).

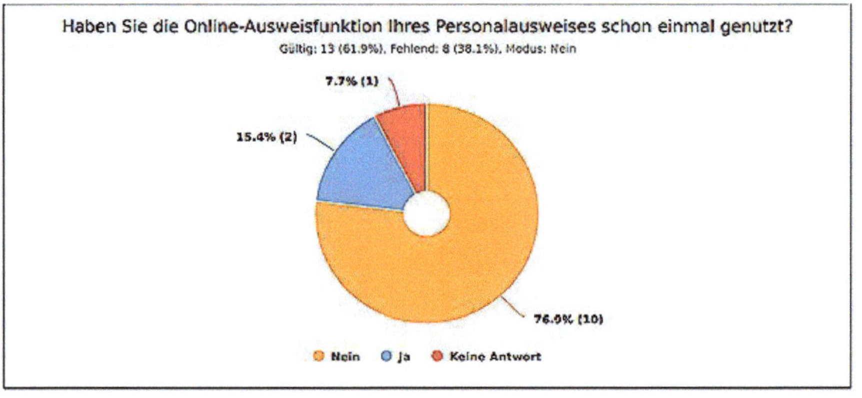

Abbildung 17: Nutzung der Online-Ausweisfunktion bei Personalausweis

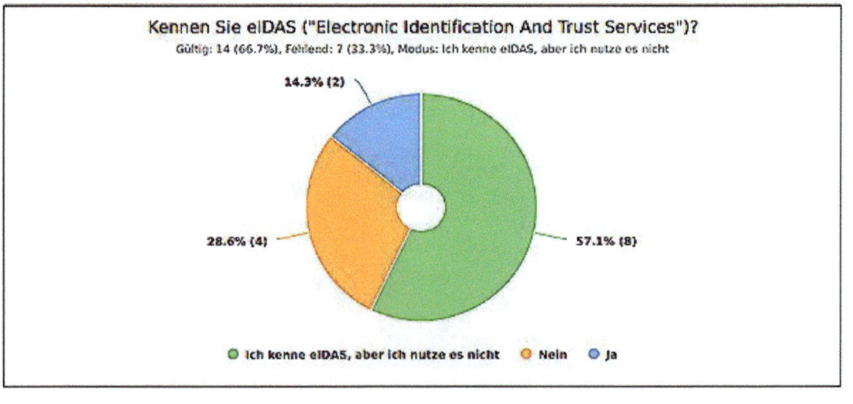

Abbildung 18: Kenntnis von eIDAS

Ähnlich ist die Situation bei der Nutzung von eIDAS. Über die Hälfte der befragten Teilnehmer:innen (71,4%) kennt zwar diesen öffentlichen Online-Dienst, aber 57,1% davon nutzt diese Funktion nicht. Über einen Viertel der Teilnehmer:innen (28,6%) kennt eIDAS nicht (s. Abbildung 18).

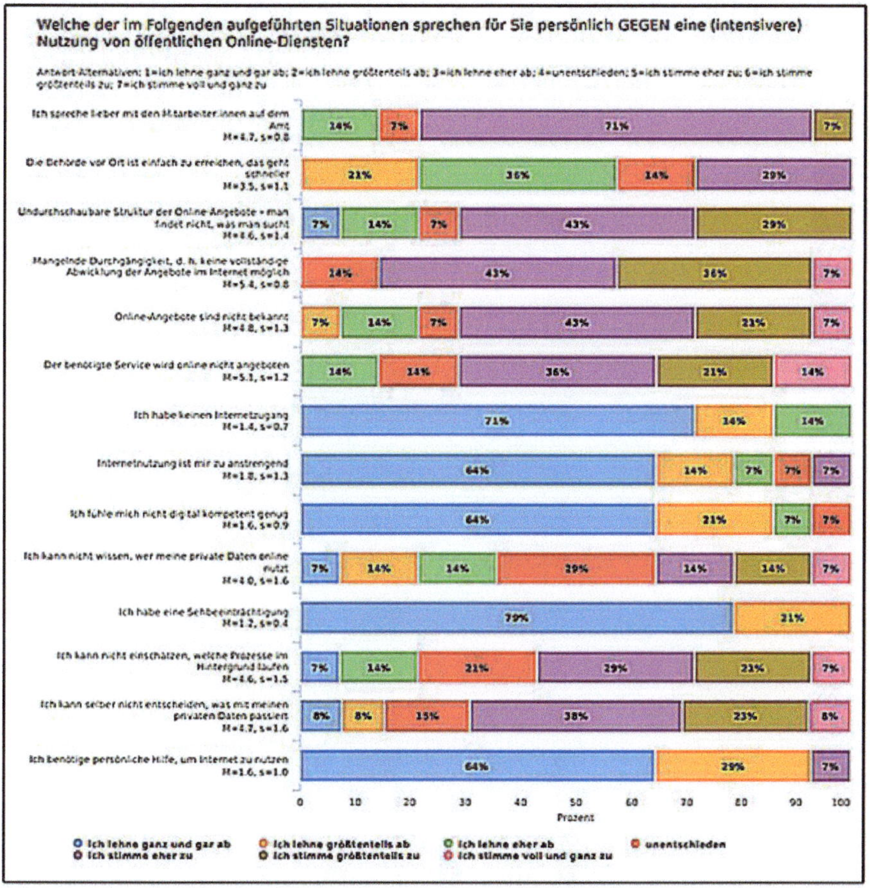

Abbildung 19: Hindernisse gegen eine intensivere Nutzung von öffentlichen Online-Diensten

Die Mehrheit der Teilnehmer:innen lehnt die Behauptungen, dass sie persönliche Hilfe für die Nutzung des Internet benötigen, dass sie keinen Internetzugang haben und dass die Internetnutzung zu anstrengend ist oder, dass sie sich nicht kompetent genug fühlen, um das Internet zu nutzen, ab. Gegen eine (intensivere) Nutzung von öffentlichen Online-Diensten spricht für die befragten Teilnehmer:innen eher die Bevorzugung eines persönlichen Kontakt mit den Mitarbeiter:innen der Behörde, die mangelnde digitale Durchgängigkeit bzw. keine Möglichkeit einer vollständigen

Abwicklung der Angebote via Internet. Ebenso werden die undurchschaubare Struktur und die Unbekanntheit und das nicht Vorhandensein der Online-Angebote als Hindernis genannt. Darüber hinaus stimmt die Mehrheit der Teilnehmer:innen der These zu, dass sie nicht einschätzen können, was mit ihren Daten passiert oder welche Prozesse im Hintergrund laufen (s. Abbildung 19).

2.2.8 Intention zur Nutzung der Nutzerkonten

Die Mehrheit der Teilnehmer:innen der Projektumfrage zeigen eine positive Intention zur Nutzung der beiden Nutzerkonten Berlin und Brandenburg. Bezüglich der Mitteilung von persönlichen Daten in den Nutzungskonten zeigen sich die Teilnehmer:innen mehrheitlich bereit. Dennoch ist die Mehrheit der Teilnehmer:innen unentschieden bezüglich der Verarbeitung ihren Daten in den Nutzerkonten auf der Grundlage der Datenschutzerklärung (s. Abbildung 20).

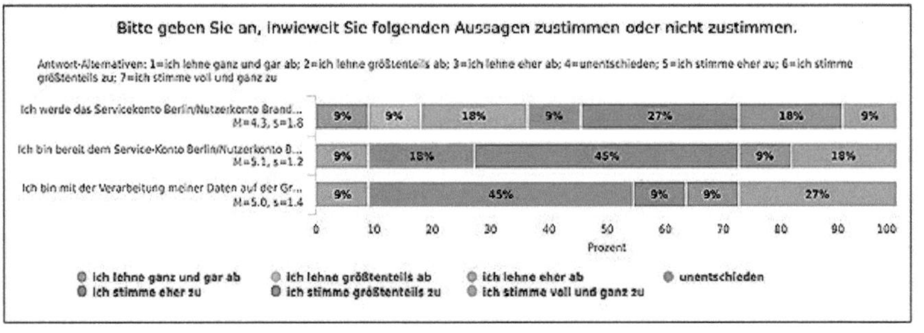

Abbildung 20: Intention zur Nutzung von Nutzerkonten

Diese Unsicherheiten im Zusammenhang mit der Verarbeitung persönlichen Daten zeigen sich auch in den Antworten auf die offene Frage über die wichtigsten ermutigenden Faktoren zur Nutzung der Nutzerkonten. Die befragten Teilnehmer:innen wünschen sich öffentliche Online-Dienste, die funktionieren, schnell und einfach, und, die erklärend sind. Die online Dienste sollen darüber hinaus einen verantwortungsvollen Umgang mit persönlichen Daten garantieren. Nachfolgend werden einige Beispiele der Antworten genannt:

Was wären die wichtigsten Faktoren, um Sie zur Nutzung des Service Kontos Berlin/Nutzerkontos Brandenburg zu ermutigen?

- *Angebot an online abzuwickelnden Vorgängen*
- *Dass ich einen Behördengang damit umgehe*
- *Datensicherheit und schnelle Abwicklung der Online-Dienste, sodass mir ein Mehrwert entsteht trotz gefühlter Unsicherheit der Übertragung und Speicherung meiner Daten*

- *Erklärungen, warum und wofür genau sie die jeweiligen Daten brauchen*
- *Es sollte funktionieren. Als erster Schritt wäre es sinnvoll, wenn man sich überhaupt registrieren könnte statt nur eine Fehlermeldung zu erhalten, dass eine Registrierung nicht möglich ist. Zuverlässigkeit und Professionalität:*

Im Unterschied zu jetziger Arbeitsweise des öffentlichen Dienstes wäre eine professionelle und kompetente Erledigung der Arbeit wünschenswert. Wenn ein Online-Tool dazu betragen kann, nutze ich dieses gerne. Es sollte jedoch die aktuelle Arbeitsweise der Verdunkelung und Desinformation nicht noch verstärken.

• *Wenn ich dadurch schneller Termine erhalte*

• *umfangreiches Serviceangebot, telefonischer Helpdesk, Nutzerfreundlichkeit, intuitive Navigation*

• *verantwortungsvoller Umgang mit den erhobenen Daten, die Möglichkeit jegliche Zustimmung jederzeit zurückziehen zu können, Abwicklung von Behördengängen ohne Wartezeiten auch außerhalb der Öffnungszeiten.*

2.3 Experteninterviews

Die Experteninterviews des Projekts IVTOPS haben zwischen Oktober und Dezember 2022 stattgefunden. Der Leitfaden wurde zuerst getestet und überarbeitet. Insgesamt wurden 10 Personen befragt. Die Experteninterviews wurden anonymisiert und transkribiert.

Der Leitfaden beinhaltete Fragen zu folgenden Themen: 1. Digitale Kompetenzen, 2. Digitale Souveränität, 3. Selbstvertrauen, 4. Vertrauen, 5. Nutzerfreundlichkeit von Nutzerkonten, 6. Verstehen der Informationen über Datenschütz und Datensicherheit, 7. Wahrgenommene Nützlichkeit, 8. Bereitschaft zur Nutzung von Online Public Services.

Darüber hinaus wurde mit sechs Befragten eine Registrierungsaufgabe am Beispiel des Nutzerkontos Brandenburg und des Servicekontos Berlin durchgeführt. Die Teilnehmenden wurden darum gebeten, das Nutzerkonto Brandenburg oder das Servicekonto Berlin in Internet zu besuchen und dort die Schritte der Registrierung zu gehen, ohne diese abzuschließen. Nach der Durchführung dieser Aufgabe wurden Fragen gestellt: zu digitalen Kompetenzen und zum Verstehen der Informationen zu Datenschutz und Datensicherheit sowie über die Bereitschaft zur Nutzung von Nutzerkonten und über die wahrgenommene Nützlichkeit dieses Online-Dienstes.

Die transkribierten Experteninterviews wurden kodiert und zusammengefasst. Auf den nächsten Seiten werden die Analysen der Experteninterviews dargestellt und kommentiert.

2.3.1 Analyse der Experteninterviews

2.3.1.1 Erwartungen an öffentlichen online Diensten

Allgemein erwarten die Bürger:innen, dass öffentliche Online-Dienste den Kontakt mit öffentlichen Verwaltungen und Behörden sowie die Erledigung von Aufgaben einfacher und schneller bzw. effektiver machen als es analog der Fall ist. Zum Beispiel wird die Kommunikation per Telefon mit den Behörden als sehr umständlich beschrieben. Andererseits sind einige Bürger:innen unsicher über ihre eigenen digitalen Kompetenzen und finden die Online-Nutzung von öffentlichen Diensten als herausfordernd:

> *Heute ist es leider so, dass man, wenn man anruft, in einer Warteschlange steckt. (...) Ich würde auch deswegen online gerne machen, A habe ich die Möglichkeit, weil ich einen Computer habe. Und weil es für mich, ich sage mal, ich habe alles schwarz auf weiß, was ich gesagt habe, angegeben habe. Und ich kann mich dann immer wieder drauf berufen. Und wenn die sich nicht melden, dann kann ich mich auf mein Schreiben berufen. Das ist alles anders, als wenn ich da irgendjemandem am Schreibtisch gegenübersitze und der meine Sachen aufnimmt. Also ich persönlich würde online das gerne machen. (579–587 in 9_VerbInt)*

> *Also ich betrachte mich eher als unterdurchschnittlichen digitalen Nutzer. Und insofern ist das gelegentlich eine Herausforderung. (31–33 in 5_VerbInt)*

Während einige Bürger:innen, die eher technisch affin sind, die Nutzungsvoraussetzungen für öffentliche Online-Dienste sehr gut verstehen und nachvollziehen können, sind andere nicht technisch affine Bürger:innen unsicher darüber, was sie für die Nutzung benötigen und warum. Deswegen erwarten sie bessere und einfachere Erklärungen, die online in den öffentlichen Diensten integriert sind und die Bürger:innen bei der Nutzung begleiten und erklären, was in jedem Navigationsschritt geschieht:

> *Also ich glaube, eine Ausbildung brauchen Sie dazu wohl nicht. Aber es wäre ratsam, wenn die Behörde eine kurze Anleitung geben würde, geben könnte oder müsste, um dem Teilnehmer kurz zu sagen, was er jetzt zu machen hätte. Wenn das möglich ist. Entweder so eine Checkliste, was zu machen ist. Das könnte man sich vielleicht notieren. Oder aber ganz kurz sagen, wo da irgendein Fenster aufgeht, wo man dann reinschreibt. So jetzt da einen Haken dran, da einen Haken und so weiter. (27–29 in 9_VerbInt)*

2.3.1.2 Nutzerkonten: Bekanntschaft, Digitale Kompetenzen, Verständnis und Akzeptanz

Bekanntschaft von Nutzerkonten

Die Nutzerkonten sind für die Verbraucher:innen unbekannt. Ein Nutzer kommentiert z. B. wie folgt:

> *Ich kannte das nur, dass man einen Termin buchen drückt und dann gibt man seine E-Mail-Adresse und seinen Namen ein und dann kriegt man eine E-Mail-Bestätigung. Wusste jetzt nicht, dass man sich da auch ein Konto machen kann. (199–201 in 6_VerbInt)*

Aus der Perspektive der Expert:innen liegt der Grund dieses Mangels an Bekanntschaft von Nutzerkonten nicht nur an fehlenden Marketingstrategien, sondern auch an Missverständnissen über die Definition von Nutzerkonten. Nutzerkonten werden häufig mit online auffindbaren öffentlichen Verwaltungs-portalen bzw. mit dem so genannten „Verwaltungsportal des Bundes“[15] verwechselt, in denen Bürger:innen mit öffentlichen Organisationen und Behörden kommunizieren. Nutzerkonten gewährleisten eine Authentifizierung von Bürger:innen, die für sich oder im Namen einer Organisation digitale Verwaltungsleistungen nutzen[16]. Darüber hinaus fehlt eine Bereitschaft auch intern in der Verwaltung und bei einigen Stakeholder, Informationen über das Onlinezugangsgesetz (OZG) sorgfältig zu lesen. Ein Experte erklärt:

> *„Wann rollt ihr denn endlich das Nutzerkonto aus?“ Und ich habe immer allen auch gesagt: „Das Nutzerkonto steht zur Verfügung. Sie müssen mir Ihren Onlinedienst nennen, den Sie dort anbinden möchten." (...) stehen ganz viele Informationen, auch Leitfäden zu dem Thema OZG in [Ort] und wie das hier so angedacht ist bis hin zur Strategie, wie man das umsetzen will und so weiter und so fort. Aber man muss sich das ja erst mal alles dann durchlesen und sich damit auseinandersetzen. Und das ist schon eine sehr große Herausforderung, wenn man das nicht dezidiert macht, sondern so nebenbei oder so, ne? (75–87 in 4_ExpInt)*

Darüber hinaus fehlt es in dem Zusammenhang mit der Bekanntschaft von Nutzerkonten nach der Perspektive von Expert:innen eine effektiv funktionierende Kommunikation zwischen verschiedenen Verwaltungsebenen bei der Umsetzung des OZG und dazu der Nutzerkonten:

15

Das Verwaltungsportal des Bundes *„ermöglicht Bürgerinnen, Bürgern und Unternehmen einen zentralen elektronischen Zugang zu den nach Lebens- und Geschäftslagen strukturierten Verwaltungsleistungen von Bundesbehörden. Zusätzlich werden über die Anbindung an den Portalverbund die Leistungen der Länder und Kommunen einfach und schnell über das Verwaltungsportal des Bundes zu finden sein. (...) Einmal registriert, sollen sich die Nutzerinnen und Nutzer künftig mit ihrem Nutzerkonto gegenüber allen digitalen Verwaltungsleistungen des Portalverbunds authentisieren können. Registrierung und Anmeldung erfolgen nach den Vorgaben der europäischen Verordnung über elektronische Identifizierung und Vertrauensdienste (eIDAS-VO, www.personalausweisportal.de/eIDAS-Verordnung).“* https://www.onlinezugangsgesetz.de/SharedDocs/downloads/Webs/OZG/DE/bmi-info-portalverbund.pdf?__blob=publicationFile&v=11 (s. S. 2, 8) (Zugriff 3.06.2022).

16

https://www.onlinezugangsgesetz.de/SharedDocs/downloads/Webs/OZG/DE/bmi-info-portalverbund.pdf?__blob=publicationFile&v=11 (s. S. 2) (Zugriff 3.06.2022).

> *Es fehlt eindeutig an Information, Kommunikationsangebot auf staatlicher Seite, sowohl vom Bund als auch vom Land. Die Kommunen können das nicht leisten. (89–99 in 4_ExpInt)*

Den Expert:innen ist es bewusst, dass eine Marketingstrategie bei der Bekanntmachung von öffentlichen Online-Services in Allgemeinem fehlt. Dieser Mangel wird in dem Zusammenhang erklärt, dass die Gesetzgeber nicht jenseits der Erfüllung von Gesetzen denken:

> *Uns fehlt Marketingkommunikation. Das machen wir natürlich in dem Rahmen, wo wir sagen, wir haben da Produkte. Unsere Reichweite ist aber nicht sonderlich hoch. Der Gesetzgeber arbeitet nicht so, der macht einfach eine Gesetzesvorschrift und dann haben sie die zu erfüllen, so. Und was Sie machen möchten, auch ein Angebot da drin, da reinzuentwickeln, aber mit der Schwierigkeit, dass, ja, Ihnen auch wahrscheinlich die Reichweite fehlt. (97–101 in 2_ExpInt)*

Die Bekanntmachung von Nutzerkonten ist nicht nur für Verbraucher:innen problematisch. Die Kommunikation zwischen den verschiedenen Ebenen von öffentlichen Verwaltungen im Zusammenhang mit E-Government bzw. mit der Umsetzung des OZG trägt dazu bei, dass die Digitalisierung von öffentlichen Diensten stagniert. Es gibt dennoch Bereiche, in denen die Digitalisierungsprozesse gut laufen, weil die öffentlichen Organisationen ihre digitalen Bedürfnisse mit den IT-Dienstleistern regelmäßig überprüfen:

> *Wir haben das Gegenbeispiel eben gehabt: [Organisation]. Was hat das BMF, also das Bundesfinanzministerium gemacht in den Bereichen? Das Bundesfinanzministerium lädt so zwei, drei Mal im Jahr die Softwarehersteller ein und informiert sie, beziehungsweise definiert, was sie erwarten, auch von den Schnittstellenbestimmungen her. Das passiert nicht in den übrigen Bereichen. Das heißt, [Person] hat es ja gerade eben erzählt mit der Steuererklärung ausfüllen, dass Sie also [Organisation] angebunden haben, et cetera PP. Solche Sachen haben wir nicht in dem Bereich der Fachverfahrenshersteller, insbesondere auf der kommunalen Ebene, aber auch für Landeshersteller. So, und was hat sich daraus ergeben? Die Fachverfahrenshersteller haben sich so circa zwei, drei Jahre in die Schmollecke zurückgezogen, haben gesagt: „Da kommt [Organisation] auf uns zu, das nimmt uns das Geschäft." So, aus dieser Schmollecke kommen sie jetzt nur ganz, ganz langsam wieder heraus. Wobei also nicht nur die Fachverfahrenshersteller schuld sind, sondern es fehlt eindeutig an Information, Kommunikationsangebot auf staatlicher Seite, sowohl vom Bund als auch vom Land. Die Kommunen können das nicht leisten, so. Wo verkehrt aber der Fachverfahrenshersteller im Regelfall? Der verkehrt normalerweise auf der kommunalen Ebene. Und das ist sein Geschäft und da macht er auch die Verträge. So, das heißt, es fehlt tatsächlich an einem Konstrukt, wo wir die Fachverfahrenshersteller an einen Tisch holen und sie einfach tatsächlich, und da bin ich dabei, erst mal informieren: Wie funktioniert das denn? (89–99 in 4_ExpInt)*

Digitale Kompetenzen

Die Erwartungen der Expert:innen bezüglich digitaler Kompetenzen für die Nutzung von Nutzerkonten sind, dass die Verbraucher:innen Grundkenntnisse über die Bedienung und auch über die Prozesse im Hintergrund der Webseiten-Oberflächen von Nutzerkonten haben. Die Expert:innen differenzieren zwischen Nutzer:innen von Nutzerkonten in „Geschäftskundensegment" und Verbraucher:innen. Während für die erste Gruppe die Produkte und Prozessen bekannt sind, wird für den Verbraucher:innen empfohlen die vorhandenen sicheren und komfortablen Funktionen des Personalausweises zu nutzen. Darüber hinaus wird von einem Expert:innen darauf hingewiesen, dass es Kurse von Bundesamt für Sicherheit in der Informationstechnik (BSI) gibt, die digitale Basiskompetenzen vermitteln. Doch diese Kurse werden nicht genutzt.

> *...zum Signieren und so weiter, die sind im Geschäftskundensegment sind die bekannt. Die Leute nutzen die. (...) Wenn ich jetzt an die Verbraucher denke, da kann ich die nur ermutigen: „Nutzen Sie zum Beispiel diese Funktion des Personalausweises. Sie brauchen sich nicht mehr dann in einem umständlichen anderen Verfahren zu identifizieren. Sie haben auch hier die höchste Identifizierungsstufe. Also Sie können das von zu Hause, können Sie das machen. Sie können das von Mobil, Sie können das machen." Es gibt auch noch Video Lösungen. Die sind aber nicht überall einer klassischen Identifizierung mit Ausweis oder papiergebunden gleichgestellt. Aber wenn Sie diese Endpaarlösung gehen mit dem Ausweis oder Aufenthaltstitel, dann haben Sie da einen sehr hohen Komfort. (43–45 in 3_ExpInt)*

> *Ja, wir müssen sehr viel mehr digitale Kompetenz haben, (...). Was brauche ich? Ein Basissicherheitswissen. Da hat das BSI eben auch früher sehr schöne Kurse gehabt, „BSI für Bürger" und so weiter. Also diese Initiativen von den Behörden her gibt es, die waren meiner Ansicht nach auch sehr gut, aber die Frage ist, nutzt es jemand? Und das ist eine der Schwierigkeiten. (21 in 2_ExpInt)*

Einige Expert:innen sehen die Problematik des „Digital Divide" bei der Nutzung von Nutzerkonten als eine langfristige Bildungsaufgabe, die kurzfristig mit Usability-Tools (z. B. Erklärungsvideos) gelöst werden könnte.

> *Das ist eher ein Bildungsauftrag würde ich schon fast sagen. Da wird man vielleicht auch eben, die ältere Generation nicht mehr erreichen, weil die kann man jetzt nicht dazu zwingen, sich damit auseinanderzusetzen. Da oder man sagt eben wirklich, da fände ich es eher interessant zu sagen, man kreiert mal ein niederschwelliges Angebot der Art, dass man das irgendwie versucht in Videos zu verpacken. Da gibt es bestimmt auch schon genug Erklär Sachen oder solche Dinge. (132 in 1_ExpInt)*

Aus der Perspektive der Verbraucher:innen sollen die Erwartungen an digitalen Kompetenzen für die Nutzung von Nutzerkonten niedrig gehalten werden. Selbsterklärte Datenabfragen, also Usability-Lösungen, sollen auch die Erfüllung dieses Anspruches von niedrig gehaltenen Erwartungen an digitalen Kompetenzen von Verbraucher:innen unterstützen.

> *Wenn es barrierefrei sein soll und tatsächlich breit gestreut, dann sollten die Erwartungen möglichst niedrig sein. (...) dass es konkret um irgendeine Maske geht, die man ausfüllen muss und die sich selbst erklärt. (55–65 in 5_VerbInt)*

Verständnis

Die Datenschutzerklärungen werden von den Verbraucher:innen nicht bzw. kaum gelesen und von einigen nicht verstanden. Die Verbraucher:innen bezeichnen die Datenschutzerklärungen als zu lang, zu schwierig formuliert oder immer als gleich. Ein genaues Verständnis über die Datenschutzerklärungen oder über die Datenverarbeitungen wird von den Expert:innen nicht erwartet. Die Expert:innen erwarten eher, dass Verbraucher:innen sich auf den Staat verlassen und bei der Weitergabe und Verarbeitung bzw. Speicherung ihrer persönlichen Daten den Staat vertrauen.

> *Wenn ich darüber informiere, mit wem habe ich es da zu tun, das spricht dann die Kunden mehr an, als wenn da so ein endlos langer Text ist von einer Datenschutzerklärung, wo ich sowieso erstmal eine halbe Stunde sitzen müsste und mir das durchlesen und überlegen, was bedeutete denn das im Einzelnen. Ich glaube, umso länger und umso detaillierter die Datenschutzerklärungen werden, ab einem gewissen Punkt hilft das niemandem mehr. (40–44 in 1_ExpInt)*

Es wird von den Expert:innen auch nicht erwartet, dass die Verbraucher:innen den Prozessen in Nutzerkonten bzw. in öffentlichen Online-Diensten verstehen oder, dass sie diese Prozesse transparent verstehen wollen.

> *Weil Sie die ganzen Prozesse ja nicht durchschauen. Und das können Sie letzten Endes als Nichtexpertin nicht. (45–49 in 2_ExpInt)*

Die Prozesse, die bei der Datenverarbeitung ablaufen werden von Verbraucher:innen nicht verstanden, nicht nur, weil sie nicht Expert:innen sind, sondern, weil sie auch die Informationsvermittlung sehr umständlich und kompliziert finden. Speziell Datenschutzerklärungen werden von einigen Verbraucher:innen als intransparent bezeichnet und sind unattraktiv zu lesen. Damit bekommen die Verbraucher:innen ein Gefühl von Unsicherheit. Es entwickelt sich ein Ritual des „Wegschauens“ von Datenschutzerklärungen.

Also es kann passieren, dass ich den Gesetzestext dann mal aufrufe, um das Ausmaß einzuschätzen, aber wenn ich dann halt sehe, das Ausmaß ist zu groß, dann klick und dann ist der Tab wieder zu, wahrscheinlich gleich beide und dann sage ich: "Ich habe es gelesen." Es ist ja auch so, dass bei solchen unverhältnismäßig langen Texten, ist es ja, ist es schon bekannt, dass das kein Mensch liest und ne, es gibt Richter und Richterinnen, die sagen so: "Das kann auch nicht erwartet werden, dass alle das immer lesen." Deswegen, also nein, ich finde das total schwierig dieses Ausmaß. Für mich hat das auch nichts mit Transparenz zu tun. Das ist so ein Überhäufen mit Informationen, müde machen, das liest kein Mensch. Ja, ich weiß nicht. Wie gesagt, hat nicht wirklich was mit Transparenz zu tun für mich. Das könnte, ich habe da auch nicht das Gefühl als würde sich darum bemüht, mir die wichtigen Dinge mitzuteilen, sondern da kriege ich einfach alles in (unv.) vorgesetzt und das ist so riesengroß. Ja, also gehe ich von einem Arzt zum nächsten, habe ich das gleiche wieder und das hört ja, es ist so alltäglich geworden. Also von einer Website zur nächsten habe ich das wieder und endlos, endlos. Nein, ich fühle mich da keineswegs sicher, auf gar keinen Fall. (169 in 7_VerbInt)

Ich kann es sehr weit treiben mit dem Datenschutz, aber dann kommt schnell der Punkt, wo der überhaupt nicht mehr gelebt wird, sondern wo der dann nur noch zum Ritual wird. (64 in 1_ExpInt)

Darüber hinaus wünschen sich die Verbraucher:innen im Zusammenhang mit dem Verständnis über Datenschutz transparente Informationen über die Prozesse der Datenverarbeitung.

Die Löschung wäre interessant, wie sie genau verarbeitet werden. Und vielleicht auch wie sie gesendet werden, wie das da ankommt, falls da zwischendurch was verlorengehen kann oder ausgespielt werden kann. Und ich glaube, vielleicht auch noch wie lange sie hat da so eine Verbindung mit der Löschung. (155–161 in 6_VerbInt)

Die Verbraucher:innen lesen die Datenschutzerklärungen in der Regel nicht. Doch: Je besser sie das gesamte System verstehen können, desto sicherer fühlen sie sich im Zusammenhang mit der Weitergabe ihrer persönlichen Daten.

Ich finde, dadurch dass ich die Systeme verstehen kann, kann ich ja sehr gut bewerten, welche Systeme ich benutze, oder nicht benutze, deswegen fühle ich mich sicherer. (22–26 in 8_VerbInt)

Auch bei der Definition der Vertrauensniveaus bei der Registrierung in den Nutzerkonten attestiert ein Experte die Missverständnisse, die darüber existieren. Wie der Experte erklärt, die Vertrauensniveaus beziehen sich nicht auf die Vermittlung oder Speicherung von persönlichen Daten, sondern auf die Verifizierung der Nutzeridentität:

Das Vertrauensniveau hat nichts mit der (...) Speicherung der Daten zu tun. (...) mit den Daten zu tun, die dort gespeichert werden. Sie werden nur auf einem anderen Vertrauensniveau erhoben, ja?
Es gibt das: gar kein Vertrauensniveau. Heißt: Der Nutzer kann irgendwas eintippen, kann sich registrieren. Das Einzige, was noch verifiziert wird, ist die E-Mail-Adresse, indem er da auf einen Link klicken muss (...) Das normale Opt-In Verfahren. Aber alle anderen Daten, da kann er eintragen, was er will. Das ist quasi kein Vertrauensniveau.
Und dann gibt es das Hohe, um gleich mal die beiden Extreme zu haben. Das Vertrauensniveau hoch, da muss der Nutzer, um die Daten in das Nutzerkonto zu überführen, seinen Ausweis auflegen, (...). Und dann wird das quasi aus dem Zertifikat oder mit dem Zertifikat sichergestellt, dass das die Daten, die echten Daten sind, ne? Ich muss ja dann auch meine PIN eingeben. Kennt man ja vielleicht, wenn Sie sich schon mal irgendwo mit dem Ausweis angemeldet haben (...). Das ist das höchste Vertrauensniveau. Aber die Anzahl der Daten oder die Art der Daten, die erhoben werden, sind die gleichen. Es ist nur eben verifiziert. (...) Es ist, als hätte ich im Bürgeramt, wäre ich vorstellig geworden und hätte meinen Ausweis so vorgezeigt und die hätten das abgeschrieben. (191–199 in 4_ExpInt)

Diese Unterschiede zwischen den Vertrauensniveaus bzw. die Bedeutung von eIDAS als elektronische Identifizierung und Vertrauensdienst für elektronische Transaktionen im EU Binnenmarkt ist bei den befragten Verbraucher:innen unbekannt:

eIDAS und so weiter, das sagt keinem was. (413 in 9_VerbInt)

Man könnte vermuten, dass es ein europäisches Sicherheitslabel ist, aber ich kenne das gar nicht. (201–205 in 10_VerbInt)

Dennoch ist eIDAS nach der Meinung einigen Expert:innen sehr wichtig, um Datenschutz zu garantieren sowie für die Umsetzung von öffentlichen Online-Diensten nicht nur in Deutschland, sondern in der gesamten EU zu etablieren. Für Firmen ist eIDAS bekannt, aber nicht für Bürger:innen. Das ist den Expert:innen bewusst. Die Bekanntmachung bei Bürger:innen soll nach der Meinung von Expert:innen aus den Anwendungen im Rahmen des OZG durchgeführt werden, wo eIDAS vorteilhaft im Vergleich zu analogen Formen der Datentransaktionen mit öffentlichen Verwaltungen genutzt werden kann.

Und es geht hier natürlich um eine Harmonisierung in Europa. Also die EU hat dieses Gesetz gemacht. (...) Es geht letzten Endes darum, Fishing zu verhindern, ne? Also Identitätsdiebstahl letzten Endes, dass ich Ihre Daten habe, mit Ihren Daten Förderantrag einreiche und das Geld kassiere. (153–157, 165 in 2_ExpInt)

Man muss über die Anwendung kommen und Onlinezugangsgesetz, alle Behördenanwendungen müssen online verfügbar sein. Und wenn das dann, wie gesagt von der Anwendungsseite, in dem Fall sind es ja dann auch die Behörden, wenn die das entsprechend, ja, ich will nicht sagen bewerben oder bekannt machen: „Hier haben Sie Vorteile, gerade in Corona-Zeiten. Hier ihr könnt euch euer Führungszeugnis, Können Sie sich online bestellen. Da müssen Sie keinen Termin im Meldeamt machen." Also auf dem Weg denke ich muss das dann gehen. Wobei das ist, dann Identifizierung (...). Das ist nicht unbedingt jetzt direkt ein qualifizierter Vertrauensdienst, ne? Aber ich sage mal so, geht das in die Richtung, weil eIDAS macht ja Identifizierungsdienste und Vertrauensdienste (87 in 3_ExpInt)

Also die Frage ist, wo haben Sie die Schriftform und wo tun Sie den Bürgerinnen und Bürger was Gutes? Wo erleichtern Sie das, wenn Sie das nicht in Papier machen müssen? So und das ist diese, wie soll ich das sagen, dieser Medienbruch von Papier zu elektronisch, der ist (in?) vielen Dingen vollzogen. Ich kriege jetzt auch, also ich kriege Rechnungen von verschiedenen Firmen, die mir die nur noch per E-Mail schicken. Das ist alles möglich. Aber wenn Sie bei Verträgen sind und wenn wie gesagt, ich habe es ja gesagt, ist das zumindest in Privatkundensegment ist das noch nicht so verbreitet. (89–103 in 3_ExpInt)

Akzeptanz

Akzeptanz von Nutzerkonten wird von einigen Befragten als bereits vorgegeben angesehen. Von Nutzer:innen wird erwartet, dass die Gesetztexte akzeptiert werden, auch wenn es bekannt ist, dass Datenschutzerklärungen nicht gelesen werden.

Ja, mein Gott, die Akzeptanz ist schon gegeben. Also damit ich es akzeptiere, also es sind halt Dinge, die die Leute angeben müssen. Also die Gesetzestexte, der Hinweis auf die Rechte, die aber kein Mensch nutzt und durchliest, das ist ja auch bekannt. (233–235 in 5_VerbInt)

Um die Akzeptanz (des Servicekonto Berlins) zu verbessern wird z. B. vorgeschlagen, eine Aufklärung darüber anzubieten, wofür das Servicekonto benötigt wird, denn für einige öffentliche Dienste sind einfache Kommunikationsmittel ausreichend:

Ja, mehr Dienste damit anzubieten, also erst mal aufklären und eindeutig zeigen, wofür das benötigt wird. Für einen Kita-Gutschein reicht, glaube ich, auch ein Anruf, oder eine E-Mail an den Bürgerservice. (296–298 in 8_VerbInt)

Es fehlt auf der Verwaltungsseite die Bereitschaft zur Bekanntmachung der Nutzerkonten und allgemein der OZG-Prozesse. Die Prozesse werden versucht nach vereinbarten Fristen fertig zu stellen, auch wenn es bekannt ist, dass nicht alle Pläne eingehalten werden können. Wie ein Experte das ausdruckt:

> *Also wenn Sie klassische Öffentlichkeitsarbeit meinen, also wirklich auch über unsere Verwaltungsblase hinaus: Ja, die findet natürlich de facto null statt. (...) Das ist mehr verwalten als gestalten, weil man versucht, möglichst alle möglichen Deadlines einzuhalten, die dann so politisch da sind, auch wenn man vielleicht weiß, dass das nicht immer alles so bis zu Ende gedacht ist, aber man eben daran arbeitet, weil es ja eben auch ein großes Projekt ist und sich viele Sachen sicherlich auch erst mal einrücken müssen. (103–119 in 4_ExpInt)*

Es bilden sich parallele Strukturen zu den Nutzerkonten bzw. der OZG-Umsetzung. So zum Beispiel erzählt ein Experte über die Existenz von Firmen, die sich auf die Vermittlung von Urkunden spezialisieren, um die Schwierigkeiten der digitalen Kommunikation mit den Behörden zu überwinden:

> *Sie haben es de facto Google überlassen. Und wenn ich heute nach Geburtsurkunde googel, dann kommt oben die Anzeige mit der Google Geld verdient zu einem Drittanbieter. Und ich habe aber vorher gar nicht gesehen, weil die machen das teilweise so geschickt, dass die optisch so aussehen wie die Verwaltung, habe gar nicht gesehen, dass ich bei einem Drittanbieter bin und den jetzt nur dafür bezahle, dass der das weiterreicht. Die Senatsverwaltung für Inneres und Sport hat dann gesagt, nachdem sie angefragt haben: „Ja, warum lasst ihr denn solche Drittanbieter überhaupt zu?" Weil sie dazu verpflichtet sind. (103–119 in 4_ExpInt)*

Die Akzeptanz von Datenschutz wird aus der Sicht der Verwaltung genauso wie bei anderen kommerziellen Internetanbieter erwartet: den Nutzer:innen interessieren sich nicht für die Datenschutzerklärungen, sondern für eine schnelle Überarbeitung und Erledigung der öffentlichen Online-Dienste. Ein Experte kommentiert in dem Zusammenhang:

> *Den normalen Menschen da draußen interessiert dieser Datenschutz und IT-Sicherheit (nicht), den interessiert das im Zweifel null. Das sieht man an seinem normalen Verhalten, wie er sich auf Instagram, Facebook und Co. verhält. Der will nur, dass sein Problem gelöst wird, ja? Der möchte jetzt die Geburtsurkunde. Die braucht er dringend. Im Zweifel gibt der da alle seine Daten hin online. Das hat (die Dame?), dieser (Teilnehmer?) hat ja noch gesagt: „Ja, ich musste dann ja alle meine Sachen eingeben", und gibt es irgendeinem Dienstleister und der macht das dann. Und das ist aber nur so, weil in dem Moment brauchte sie das schnell. Alles andere war ihr egal. Und das ist die Realität. (121–123 in 4_ExpInt)*

Darüber hinaus entsteht nach der Meinung der Expert:innen Misstrauen bei Bürger:innen, weil die Komplexität der IT-Sicherheit in den Nutzerkonten unbekannt ist und höher als die am meistens genutzten online Diensten eingestuft werden muss. Die Vorgänge bei den Nutzerkonten und den damit verlinkten Fachverfahren sind komplexer als die kommerziellen Dienste, zu denen nach der Meinung der Expert:innen die Verbraucher:innen gewöhnt sind. Wie ein Experte erklärt:

> *Also der Datenaustausch in der Verwaltung, der passiert nicht irgendwie so, wie das der normale Bürger kennt. Und daraus kommt, glaube ich, auch dieses Misstrauen. Wir schieben uns hier keine Daten mit per E-Mail oder per Server zu Server (...) gegenseitig zu, sondern wir haben ein so genanntes OSCI-Protokoll, das eine doppelte Verschlüsselung der Daten versieht, also ein doppeltes Umschlagsprinzip, dass quasi die Inhaltsdaten noch mal verschlüsselt sind und getrennt sind von den Transport-Metainformationen, die dann ausgelesen werden müssen, (...) damit immer der, der die Stelle, die das weiterleiten soll, nicht die Inhaltsdaten sehen kann. Und da wird eine riesen Infrastruktur aufgebaut, damit wirklich bloß keiner da irgendwie reingucken kann (...) (146 in 8_VerbInt)*

Auch wenn die Bürger:innen sich auf eine DSGVO-korrekte Verarbeitung und Speicherung der Nutzerdaten verlassen könnten, bleibt die Frage offen, inwieweit die Sicherheit im System garantiert wird, wie ein Nutzer kommentiert:

> *Und ich fühle mich da generell sicher, also ich weiß, dass sie den Datenschutzrichtlinien entsprechen und so ihre Daten auch halten, aber keine Aussage über die Datensicherheit. Also das, ich weiß, dass sie nur die nötigsten Daten und dass sie richtig verarbeitet werden, aber das sagt nichts da drüber aus, ob sie wirklich sicher sind auf deren Seite, weil das kann menschliches Versagen sein, wenn die verloren gehen, oder schlecht gebautes System. (146 in 8_VerbInt)*

Für die Akzeptanz der Nutzerkonten ist es wichtig, die unterschiedlichen Vertrauensniveaus zu kennen, die für die Nutzung der verschiedenen öffentlichen Online-Dienste vorgegeben sind. Die Vertrauensniveaus dieser Dienste - ausschließlich eIDAS - werden von den einzelnen Anbietern der jeweiligen öffentlichen Online-Diensten selbst entschieden. Ein Experte erklärt diesen Vorgang:

> *Letztlich ist das aber, wer darüber entscheidet ist der Onlinedienst, der das Nutzerkonto anbindet an seinen Dienst, weil er nämlich bei der Anbindung uns mitteilt, welches Vertrauensniveau er einfordert. (...) Wir machen jetzt, wir nennen das Basisregistrierung. Und das ist das, was wir vorher mit normal meinten, nämlich nichts ist verifiziert außer die E-Mail-Adresse. Normal gibt es nicht. Und dann gibt es erst mal nur substanziell, das ist sowas wie [Organisation]. Und dann gibt es nur noch hoch, also E-ID und (EIDAS?), also tatsächlich europäischer E-ID. (203–207 in 4_ExpInt)*

Die Akzeptanz der Nutzerkonten bezieht sich auch auf Usability-Aspekte bzw. Nudging-Dimensionen[17] bei der Registrierung. Die Befragten nennen Aspekte wie die zu starke Farbenkontrast zwischen Schrift und Hintergrund, die Maske bei den Eingaben von Geburtsdatum, die Zweifel wegen den unterschiedlichen Designs von Nutzerkonten:

> *Im besten Fall muss man das nur einmal machen und kann sagen, ich habe schon ein Bund ID Konto und ich melde mich damit an, bitte übernimm meine Daten von da, fertig, aus. Das wäre der optimale Fall. (312–318 in 8_VerbInt)*

> *Also wenn es einfach ein einheitliches Konto wäre und ich jetzt nicht für Bund, Berlin, weil ich in Brandenburg wohne, Brandenburg, drei verschiedene Seiten ausfüllen muss, mit drei verschiedenen Konten. (249–251 in 5_VerbInt)*

Die Verbraucher:innen erwarten nicht nur Aufklärungen über ihre Rechte bei der Nutzung von öffentlichen Online-Diensten. Sie wollen auch diese Rechte ausüben können. So zum Beispiel nennt ein Verbraucher die Möglichkeiten bestimmte Datenvermittlung aktiv einschränken zu können.

> *Ich will nicht nur aufgeklärt werden, welche Rechte ich habe, sondern ich will auch gleich die Gelegenheit haben, sie auszuüben in Form eines Buttons, zum Beispiel einzelnen Dingen zu widersprechen, Datenweitergabe einzuschränken, was auch immer. (223–227 in 5_VerbInt)*

Die Erwartungen von Nutzer:innen an den Nutzerkonten beziehen sich auf Aspekten der Nutzerfreundlichkeit bzw. Unterstützung bei der Nutzung, aber auch auf konkreten öffentlichen Diensten, die sie gerne online nutzen würden. Zum Beispiel nennt ein Nutzer folgende öffentliche Dienste:

> *Also diese einfachen Sachen Reisepass, Personalausweis vielleicht verlängern mit dem alten zusammen, Fahrzeuganmeldung vielleicht, Führerscheinanmeldung, Wohnungsummeldung. Und so ein Kirchenaustritt wäre auch nett. (187–189 in 6_VerbInt)*

Als Unterstützung bei der Nutzung von Nutzerkonten wünschen sich Nutzer:innen zum Beispiel eine Liste von häufig gestellten Fragen (FAQ) oder eine direkte Unterstützung von Behörden:

> *Da ist ja schön, dass es da ein FAQ gibt, zum Beispiel. Habe ich bei den anderen vermisst. (163 in 5_VerbInt)*

17

Siehe z. B. die Dimensionen, die Acquiti et al. 2017:13 nennen: Information, Präsentation mit kontextuellen Hinweisen, Defaults, um Nutzer:innen-Mühen bei System-Konfigurationen zu reduzieren, Anreize, um Nutzer:innen zu motivieren, sich konsequent zu ihren Präferenzen zu verhalten, Fehler-Reversibilität und Timing oder die Festlegung des richtigen Moments zu Nudging.

Ich hätte irgendwie am liebsten das andersrum, sodass ich gleich irgendwo durchgestellt wurde. So und die Leute, die irgendwie eine nähere, die irgendwo noch reinwollen in irgendein Untermenü, dass das nachgelagert wird. Weil in der Regel brauche ich einfach Support, eine direkte Verbindung. (385 in 7_VerbInt)

Darüber hinaus wünschen sich die Befragten, dass mehr Informationen über das System, die Abläufe und die Vernetzungen sowie darüber, was mit den vermittelten persönlichen Daten passiert bei der Registrierung zur Verfügung gestellt wird:

Mehr Informationen nehme ich gerne an. Aber in einer Form, in der man auch verstehen kann, wie in dem Fall hier zum Beispiel, wie zum Beispiel diese Dienste mit dem Benutzer interagieren und welche Aufgaben sie haben. (...) Es sollte eine, ja doch relativ kurze Zusammenfassung geben. Nicht diese sehr langen Texte. Welche Daten werden erhoben? Wo werden die gespeichert? Wie werden die aufbewahrt? (245–249 und 377 in 10_VerbInt)

Die Informationen könnten nach der Meinung von Befragten mit Hilfe von zusätzlichen Buttons vermittelt werden:

Zum Beispiel in Form eines Buttons, den ich dann andrücken kann. Weil da irgendeine Frage ist, wo mir ein Begriff nicht klar ist oder ähnliches, wo das genauer erklärt wird. Also ein Beispiel wäre da zum Beispiel bei der Steuererklärung. Da gibt es ja auch immer einen, also gab es früher schon, ein Beiblatt und entsprechender Weise auch jetzt digital. (67–73 in 5_VerbInt)

Darüber hinaus ist auch wichtig zu berücksichtigen, dass nicht alle Bürger:innen die Terminologie des Datenschutzes und der IT-Sicherheit kennen. Für eine Verbesserung der Akzeptanz der Nutzerkonten wäre deswegen sinnvoll Erklärungen über diese Begriffe zu integrieren:

Ich bin etwas verwundert über das Wort authentisieren. Ich habe das glaube ich noch nicht gehört. (93 in 7_VerbInt)

2.3.1.3 Registrierungsaufgabe

Die sechs interviewten Bürger:innen wurden darum gebeten, sich an die Nutzerkonten von Berlin und Brandenburg zu registrieren und dabei laut zu erklären, wie sie die notwendigen Schritte dafür wahrnehmen.

Servicekonto Berlin

Abbildung 21a und Abbildung 21b: Servicekonto Berlin Registrierung (https://konto.service.berlin.de/skb/Home/Register). (Zugriff 3.04.2022).

Der erste Eindruck der Bürger:innen beim Eingang auf der Registrierungsseite des Servicekontos Berlin ist, dass die Seite zu viel Text beinhaltet:

Registrieren. Ich klicke auf den Button registrieren. Jetzt kommt hier sehr viel Text. (57 in 10_VerbInt)

Ich registriere mal, oj, joi, joi, ganz viel Text. (102 in 8_VerbInt)

Bei der Registrierung auf der Servicekonto Berlin sehen die Bürger:innen zuerst die Erklärung darüber, wofür das Konto genutzt werden kann. Das wird positiv wahrgenommen. Die Bedeutung von „einheitlichen Ansprechpartnern" ist für die Bürger:innen unbekannt:

So, da wird zumindest erklärt gleich auf den ersten Blick, wofür das Konto benutzt werden kann. So einheitlicher Ansprechpartner Berlin, was auch immer das bedeutet. (102 in 8_VerbInt)

Auf der ersten Seite merken die Bürger:innen auch an, dass sie nach 25 Minuten automatisch abgemeldet werden. Diese Information sowie das Finden der Registrierung auf der Seite ist für einige Bürger:innen verwirrend:

So. (...) Ja, oben rechts ist ein Registrieren Button, den hätte ich fast übersehen. Und die Seite teilt mir schon mit, dass ich nach 25 Minuten automatisch abgemeldet werde, obwohl ich gar nicht angemeldet bin. (102 in 8_VerbInt)

Und dann kommt anmelden und registrieren (...) So und ich gehe auf Anmelden jetzt, oder was? (81–93 in 9_VerbInt)

Ein weiterer Aspekt, die Bürger:innen auf der Berliner Servicekonto verwirrend finden, ist die Erklärung, dass Bürger:innen, Firmen und auch Behörden das Konto nutzen können:

Als Privatperson oder Firma, oder als Behörde. Ich frage mich, weshalb eine Behörde sich auf irgendeiner Seite registrieren soll, weshalb sie nicht einfach ihre behördeninternen Konten, die sie eh schon haben und teilen benutzen können? (102 in 8_VerbInt)

Darüber hinaus sorgt die Auswahl der Sicherungsstufen für die Registrierung in das Nutzerkonto für Verwirrung. Es wird nicht verstanden, wofür die verschiedenen Sicherheitsstufen vorgesehen sind. Ältere Bürger:innen haben auch Schwierigkeiten mit der visuellen Darstellung der Seite nach der Eingabe der Sicherheitsstufe:

Und eine Sicherheitsstufe kann ich jetzt auswählen. (...) Wieso soll ich eine Sicherheitsstufe auswählen, wenn es offensichtlich nur Dienste gibt, die Sicherheitsstufe eins brauchen? Also werde ich bei Sicherheitsstufe eins bleiben. (102 in 8_VerbInt)

Sicherheitsstufe eins. Sicherheitsstufe zwei. Via Online Ausweisfunktion. Via Hochstufung Bürgeramt. Aha. Sicherheitsstufe eins. ... Naja, also ich würde dann zwei eingeben, Online

Ausweisfunktion. (...) Ich habe die Sicherheitsstufe zwei eingegeben. Und jetzt bin ich noch da unten, und Moment. Unten kann ich jetzt nicht erkennen, was da noch steht. Da ist mein zu Ende. Die Seite. Ich kann jetzt nicht sehen. Steht da weiter oder... (249–261 in 9_VerbInt)

Die Anschaffung eines Passwortes ist eine weitere Schwierigkeit, die Bürger:innen bei der Registrierung konfrontieren. Auf dem ersten Blick sehen die Nutzer:innen keine Hinweise, um das Passwort zu generieren. Die Hinweise erscheinen erst durch mouse-over auf dem entsprechenden Eingabefeld. Weiterhin wird eine Sicherheitsfrage gestellt. Diese Sicherheitsfrage macht die Bürger:innen unsicher. Einige Bürger:innen haben ihre eigenen Strategien entwickelt, um die diese Maßnahme zu überspringen. Die Effektivität dieser Maßnahme wird bezweifelt:

Ich versuche mal da ein simples Passwort 1234, entspricht nicht den Vorgaben für sichere Passwörter, steht aber nirgendwo, was die Vorgaben für sichere Passwörter sind. Ich müsste jetzt raten. Habe ich aber erwartet, dass es kein sicheres Passwort ist. Ah, wenn ich lange über einem Feld bleibe mit dem Mauszeiger, dann erklärt er mir das, acht bis zwanzig Zeichen sind sicher, muss Groß- und Kleinschreibung, Ziffern und Sonderzeichen enthalten. Okay. Funktioniert wahrscheinlich auf mobilen Geräten nicht, wenn man lange mit dem Mauszeiger da bleiben muss über dem Feld. Ich generiere, lasse meinen Browser ein sicheres Passwort generieren und schon wieder eine Sicherheitsfrage. Ich frage mich immer, weshalb die Sicherheitsfrage, weil, ja, wüssten auch alle Menschen aus meinem näheren Umfeld, ist keine Sicherheitsfrage. So. Sind, zum Beispiel, Fragen wie ein Lieblings TV Star. So. Wenn ich mein Passwort nach fünf Jahren vergessen habe, woher weiß ich, wer zu dem Zeitpunkt mein Lieblings TV Star war, zu dem Zeitpunkt war? (102 in 8_VerbInt)

Sicherheitsfrage. Ich habe diese Sicherheitsfragen nie verstanden. Die machen doch den ganzen Prozess inhärent unsicher. Ich hatte gedacht man hat sich davon verabschiedet. Ich mache in dem Fall immer folgendes. Ich wähle irgendetwas aus. Und gebe unsinnigen Text. Damit diese Sicherheitsfrage nicht zur Anwendung kommt. Jetzt möchte er eine gültige Antwort für die Gerätefrage. Alles klar. Jetzt habe ich zweimal unsinnigen Text mit Leerzeichen getrennt einzugeben. Das scheint ihn hinreichend zu überlisten. (61 in 10_VerbInt)

Um den Prozess der Passwortgenerierung abzusichern, müssen die Bürger:innen darüber hinaus eine Rechenaufgabe bewältigen. Die Bürger:innen verstehen nicht, warum sie eine zusätzliche Frage beantworten müssen. Darüber hinaus sind die Rechenzeichen nicht eindeutig genug, sodass die Bewältigung der Aufgabe schwierig ist.

Und zur Absicherung des Vorgangs muss ich noch eine Rechenaufgabe lösen, 15 mal drei. (...) Wieso soll ich eine Rechenaufgabe lösen? Da steht zur Absicherung des Vorgangs bitten wir Sie, vorm Speichern der Daten das Ergebnis folgender Rech// Hä? Wieso soll ich das tun? 15 mal drei sind, ich glaube, 45. (102 in 8_VerbInt)

Zur Absicherung dieses Vorgangs bitten wir Sie, vor dem Speichern der Daten, das Ergebnis zu folgender Rechenaufgabe einzugeben. 72 Schrägstrich 8 gleich. (...) Die Frage ist, ja (lacht) soll der Schrägstrich ein Pluszeichen sein oder was? (...) Für mich ist das neu. Ich kenne als Geteilt-Zeichen den Doppelpunkt. Und dann weiß ich, aha, ich muss also 72 durch 8 teilen, dann komme ich auf das Ergebnis. (...) Da hätte man ebenso gut einen Doppelpunkt machen können, um nicht Nachfragen jetzt herauszufordern. (225–245, 309–321 in 9_VerbInt)

Bei der Registrierung sollen die Bürger:innen die Datenschutzbedingungen lesen und annehmen, wie sie bereits von anderen Webseiten kennen. Ähnlich wie bei der Nutzung von anderen online Diensten, werden die Datenschutzbestimmungen visuell und inhaltlich als eine Herausforderung wahrgenommen. Üblich ist sowohl in privaten als auch in öffentlichen staatlichen Webseiten, die Datenschutztexte zu ignorieren. In diesem Fall wird dieses Verhalten damit begründet, dass die Seite staatlich ist, sodass die Verbraucher:innen sich auf die korrekte Handlung der Behörden bzw. öffentlichen Organisationen verlassen können.

Ja, ich meine, wahrgenommen habe ich den Datenschutz. Worum es geht. Ist ja eigentlich in Vielem identisch mit anderen Datenschutzbestimmungen. Und da es sich um Behörden handelt, so würde ich als normaler Bürger sagen, kann ich mich darauf auch verlassen. Es gibt ja sehr viele Datenschutzrichtlinien und erstmal so klein gedruckt, dass die ein älterer Mensch schon gar nicht mehr lesen kann ohne Lupe. (293–297 in 9_VerbInt)

...ich kann nur weitermachen, wenn ich die Datenschutzbedingungen annehme und die Datenschutzbedingungen sind auch wieder ein paar DIN A4 Seiten, ganz viel Text. (...) Die ist unter der Berlin.de Domain, vertraue ich jetzt erst mal, ist sicher, hat ein Zertifikat, die Seite. (102 in 8_VerbInt)

Nutzerkonto Brandenburg

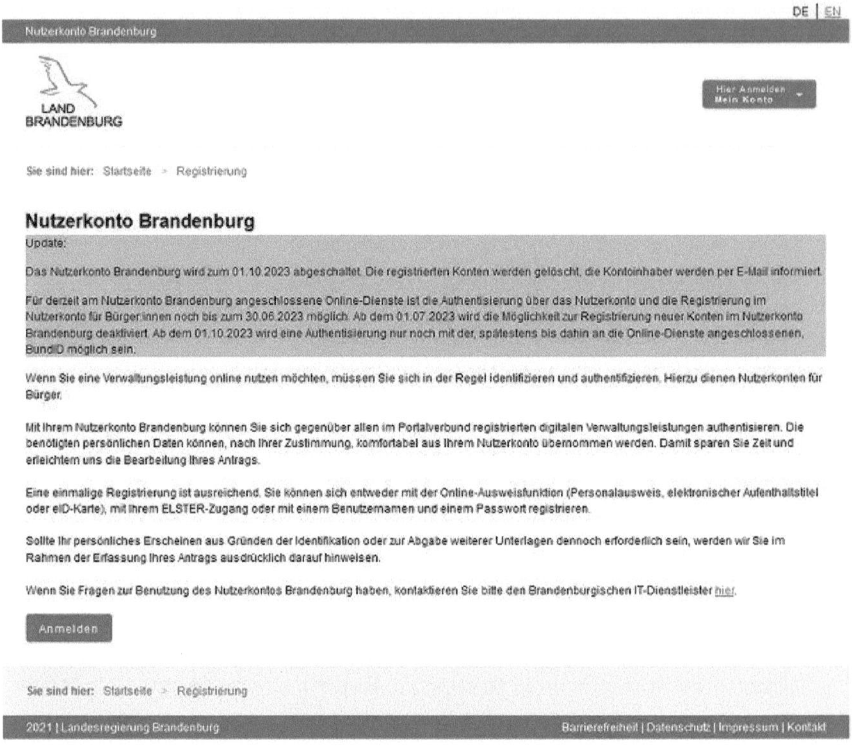

Abbildung 22: Nutzerkonto Brandenburg Registrierung
(https://id.brandenburg.de/de/nutzerkonto/brandenburg) (Zugriff 3.04.2022).

Die Seite des Nutzerkontos Brandenburg sieht nach der Meinung der Bürger:innen sehr voll aus bzw. es gibt zu viel Text auf dem ersten Blick. Verwirrend für Bürger:innen ist, inwiefern sich die Buttons für Anmeldung und Registrierung voneinander unterscheiden, die oben und unten auf der Seite erscheinen. Darüber hinaus erscheint beim Einklicken in der Anmeldungsbutton automatisch die Webseite auf Englisch.

> *Wobei ich jetzt hier eher verwirrt wäre, weil hier anmelden, mein Konto steht. Und hier steht auch nochmal anmelden. Also oben rechts steht da einmal anmelden und unten anmelden. Jetzt wäre ich ein bisschen verwirrt ob ich jetzt, ich drücke jetzt einfach auf anmelden. (...) So, jetzt sehe ich immerhin schon, dass ich einmal bei dem Start und dass ich danach persönliche Datenbestätigung machen muss. So, dann ist das sehr viel Text. (39–49 in 6_VerbInt)*

Es ist schön, dass die zweite Seite jetzt auf Englisch ist. Niemand weiß warum. (145–153 in 10_VerbInt)

Okay, ich soll dann diesen Account anlegen, aber plötzlich ist die Seite in Englisch, wundert mich gerade, aber bin ich offensichtlich richtig hier, weil hier soll ich mich anmelden, aber ich wollte mich eigentlich registrieren. Ah, unten auf der Seite ist ganz klein Registrieren. (106–122 in 8_VerbInt)

Die Erklärungen über die Registrierung des Nutzerkontos finden die Bürger:innen nicht eindeutig. Die Sicherheitsstufen werden nicht direkt auf dem ersten Blick erklärt. Deswegen wird vermutet, dass weitere Registrierungsstufen auf der Seite des Nutzerkontos Brandenburg nicht vorhanden sind. Darüber hinaus ist es schwierig zu erkennen, warum die Daten in dem Registrierungsformular notwendig sind. Einige Begriffe, wie zum Beispiel *Europäische ID* ist für Bürger:innen unbekannt und wird auf der Webseite nicht erklärt:

Sie können alle digitalen Verwaltungsdienstleistungen ohne Anlegung eines dauerhaften Nutzerkontos mit einem temporären Konto nutzen. Zugang ohne Registrierung. Aha. Erklärung ist etwas diffus. (125 in 10_VerbInt)

Na, hier scheint es diesen ersten, diese erste Stufe einer Registrierung ja gar nicht zu geben, sondern das funktioniert nur über die komplette Adresse, also dass man auch identifizierbar ist. Für diese digitalen Verwaltungsakte. Und hier ist der Aufwand natürlich größer, weil man sich ja irgendwie authentifizieren soll. (169 in 10_VerbInt)

den absurden Doktorgrad, das wird mich im Traum verfolgen dieses Feld. (106–122 in 8_VerbInt)

Es ist schön, dass die zweite Seite jetzt auf Englisch ist. Niemand weiß warum. Jetzt muss, soll ich mich entscheiden zwischen einer online ID-Funktion, einer europäischen E-ID. Das sagt mir alles sehr wenig. (145–153 in 10_VerbInt)

Im Vergleich zur Servicekonto Berlin werden auf der Brandenburger Nutzerkonto mehr persönlichen Daten nachgefragt. Der Grund wird nicht erklärt. Die Bürger:innen finden die Eingabe von diesen zusätzlichen persönlichen Daten verwirrend:

Man muss auch hier tatsächlich schon seine Straße, Hausnummer, Geburtsdatum angeben, zumindest, wenn ich das richtig sehe, weil es erforderliche Felder sind. Kann man das Überspringen? Nein, kann ich nicht überspringen. (...) So, Geburtsdatum, Geburtsort muss man nicht eingeben, das ist ja interessant. So, die Adresse, wobei ich mich bei der Adresse jetzt nicht so wohl fühle, dass ich die hier einfach so angeben soll. Interessanterweise solle ich den

Wohnort aber nicht den Geburtsort angeben. E-Mail-Adresse ist auch ein Muss. (39–49 in 6_VerbInt)

Wieso man irgendwie Länderverwaltungen extra// Ja, schlecht gemachtes Formular, Adresse, ich muss alle Daten ausfüllen, um auf die nächste Seite zu kommen. (...) So, ich gebe mal Fake-Daten an, weil (...) die werden anscheinend nicht validiert. (...) Und E-Mail-Adresse muss ich wiederholen, ich weiß nicht, weshalb man (...) E-Mail-Adresse immer wiederholen muss, weil in 99 Prozent der Fälle macht das Gerät des Nutzers das schon selbst und trägt die richtige Adresse ein. (118–122 in 8_VerbInt)

Nach Eingabe der persönlichen Daten in das Formular soll eine Sicherheitsfrage geantwortet werden. Die Funktion der Sicherheitsfrage wird nicht erkannt. Das Vertrauen in die Vermittlung der Daten bzw. in die Einhaltung des DSGVO bezieht sich eher auf den staatlichen Hintergrund der Webseite:

Ja, jetzt ist auch wieder die Sicherheitsfrage hier wieder. Das ist irgendwie zu deren Schutz irgendwie. Ich weiß nicht, wie sicher sowas alles ist. (53 in 6_VerbInt)

Also ich habe das natürlich nur überflogen. Ich entnehme dem, dass sich das an den deutschen Gesetzen orientiert und fühle mich damit sicher. (173 in 10_VerbInt)

Die Datenschutzerklärung wird von den Verbraucher:innen vermisst. Darüber hinaus wird auf der Seite ein Hinweis auf die Nutzung von DE-Mail, die abgeschaltet werden soll.

Wenn ich Fragen habe, dann kann ich den brandenburgischen IT Dienstleister kontaktieren, aber es sind keine Datenschutzhinweise, oder so was verlinkt. (106 in 8_VerbInt)

Ich gucke da mal interessehalber in die Datenschutzerklärung. Oh, die kann ich nicht im neuen Tab öffnen, ist kein echter Link. Den kann ich nur inline öffnen, das schiebt das ganze Formular nach unten und als unbedarfter Nutzer wäre ich jetzt ganz schön aufgeschmissen, hätte ich auf diesen Link geklickt. Ich frage mich, weshalb die nicht einfach eine Seite verlinken dort. Da wird Pflichtangaben hingewiesen, aber es ist noch gar kein Formular zu sehen. (110 in 8_VerbInt)

2.3.1.4 Bewertungen der Registrierungsseiten

Wichtigste Motivationsaspekte zur Registrierung

Die wichtigsten Aspekte für die Registrierung aus der Perspektive der Verbraucher:innen sind, dass der Prozess in den Nutzerkonten selbsterklärend ist, dass die Nutzung der neuen digitalen Funktionen des Personalausweises simple ist und nicht vom Herunterladen weiterer Applikationen abhängt, deren Herkunft nicht eindeutig ist. Darüber hinaus wünschen sich die Verbraucher:innen eine sparsame Nachfrage nach persönlichen Daten für die Registrierung:

Also es soll sich irgendwie selbst erklären. (...) Ja, also zum Beispiel, da steht anmelden, aber nicht registrieren. Okay, dann kommt man irgendwann auf die Idee, dass man sich einfach anzumelden versucht und dann darauf hin, dass im zweiten Schritt darauf hingewiesen wird, dass man sich erst registrieren soll. Der nächste Punkt, ja, ich habe jetzt einen neuen Personalausweis, aus guten Gründen habe ich damals im letztmöglichen Monat noch einmal den Alten bestellt, damit ich/ indem ich vorher meinen verloren hatte, damit ich den möglichst lange hatte. Jetzt hatte ich den neuen. Ich war jetzt wirklich neugierig, wie ich mich damit anmelden kann und dann heißt es, da muss ich jetzt irgendwelche Apps runterladen. Das nervt, weil ich wollte jetzt eigentlich gerade hier fertig werden. Also lade ich jetzt keine Apps runter. Auch bei den Apps wird jetzt nicht wirklich drauf hingewiesen, wessen Apps das sind, sind das öffentliche Apps oder sonst etwas oder sind das private Anbieter. Also bin ich dann zurückgegangen auf Anmeldenamen, ja gut und alles andere, naja geht so. (121–127 in 5_VerbInt)

ich finde zu viel jetzt, dass ich direkt meine Adresse im Internet angeben muss aus Datenschutzgründen, weil das nicht so ganz klar ist, wie sicher das alles ist. (59–61 in 6_VerbInt)

Für Verbraucher:innen ist auch wichtig, dass sie erkennen können, wofür sie eine Registrierung in den Nutzerkonten benötigen würden. Es nicht im Registrierungsprozess eindeutig erkennbar, wofür eine Registrierung notwendig ist. Wie oben kommentiert wurde, wird für Verbraucher:innen nicht deutlich, wofür Nutzerkonten gebraucht werden. Diese Unsicherheit kann dazu führen, dass die Verbraucher:innen analoge Alternativen der Kommunikation mit öffentlichen Verwaltungen bevorzugen, z. B. die telefonische Kommunikation, die den Vorgang vereinfachen würde und worauf Verbraucher:innen bereits gewönnt sind:

Ich muss wissen, weshalb ich mich registrieren sollte. Ich müsste den Zweck dafür sehen. Also zumindest aufgelistet haben, was ich damit machen kann. (...) Wenn der Vorgang mit einem Anruf auch getätigt wäre, indem ich da einfach Land Brandenburg anrufe, oder Stadt Berlin und es wird ein Anruf sein, um die Sache zu erledigen, dann würde ich das eher machen, statt irgendwo ein E-Mail hinschreiben, aber ich würde mich nicht registrieren. (128–130 in 8_VerbInt)

Datenschutz, Verständnis und Sicherheitsgefühl

Ähnlich wie bei privaten Webseiten lesen die Verbraucher:innen keine Datenschutzerklärungen in den Nutzerkonten. Es wird angemerkt, dass es bekannt sei, dass Verbraucher:innen

Datenschutzerklärungen nie lesen und dass die grundsätzliche Erwartung ist, dass diese ohne gelesen zu werden abgestimmt werden.

> *Am Anfang steht ja, dass man sich natürlich einverstanden erklärt zur Weitergabe. Also ist irgendwie so das übliche, was man dann immer so mit einem Hacken einfach bestätigt, ohne dass man das groß durchgelesen hat. (63–65 in 6_VerbInt)*

Dass die Datenschutzerklärungen nicht gelesen werden, heißt auch nicht, dass die Verbraucher:innen verstehen, was die Bedeutung davon ist. Die Verbraucher:innen sind auch nicht interessiert an einem genauen Verständnis des Datenschutztextes. Sie wollen bestimmte Dienste nutzen und verlassen sich auf die offizielle Natur der Webseiten. Dennoch fühlen sich einige Bürger:innen unsicher über die Weitergabe von persönlichen Daten in Nutzerkonten, weil sie das Gefühl haben, dass die Arbeitsprozesse in der Verwaltung nicht optimal ablaufen oder auch wegen des schlechten Eindrucks über die Registrierungsformulare und nachgefragten persönlichen Daten:

> *Ich habe verstanden, dass da immer welche Dinge ich zustimmen muss, ansonsten geht es nicht. Und dadurch, dass ich das ja machen will, stimme ich dem zu, egal was darinsteht. Und nein, ich habe es nicht vorher gelesen. Habe ich auch keinen Bock zu. (...) In Anbetracht, dass ich davon ausgehe, dass es sich tatsächlich um öffentliche Konten handelt (...) fühle ich mich einigermaßen sicher, soweit man das im Netz überhaupt kann. (129–135, 137–139 in 5_VerbInt)*

> *Nein, weil es allgemein natürlich, ja, die Online Services von so diesen ganzen Seiten Brandenburg, Berlin und so, fühlen sich ja die Behörden oftmals etwas hinterher, wenn ich das so sagen darf. Und dann entsprechend fühle ich mich jetzt nicht so sicher, meine Adresse da anzugeben. (71–73 in 6_VerbInt)*

> *Also Passwort, Sicherheitsfrage, heiliger Strohsack, was ist das denn? Ach, das ist schon schwierig. So, Sicherheitsfragen, also bitte, vordefinierte Sicherheitsfragen. Das ist schon was, nein, sorry, das geht gar nicht, sicherheitstechnisch geht das schon gar nicht. Die Sicherheitsfrage möchte ich mir bitte selbst ausdenken dürfen. (77–81 in 7_VerbInt)*

2.3.1.5 Bewertungen von Registrierungskarten

Die befragten Verbraucher:innen wurden nach einer kurzen Registrierungsaufgabe in beiden Nutzerkonten (Berlin und Brandenburg) darum gebeten, Darstellungen von den Nutzerkonten mit addierten Elementen (siehe Anhang des Buches) im Zusammenhang mit Vertrauen und

Sicherheitsgefühl zu bewerten. Die Karten[18] wurden in drei Kategorien geteilt: Siegel, Zusatzinformation, Use Case.

Bei der ersten Kategorie wurde das Logo von eIDAS, das ISO Zertifikat 27001 Logo von BSI sowie das Logo von Bund.de Verwaltung digital gezeigt. Bei der zweiten Kategorie wurden zwei Infografiken über die Funktion von eIDAS sowie ein statisches Bild von einem Chat-Bot und ein anderes von einem Video und eine Verlinkung zu Gesetzestexten gezeigt und in der dritten Kategorie wurde eine Skizze von der use-case des Berlin Servicekonto gezeigt.

Kartenpräferenzen

Die befragten Verbraucher:innen lehnen die Karten mit den use-cases sowie mit chat-bots ab. Die am meistens bevorzugten Kartenvarianten sind die Info-Buttons, die Infografiken sowie bezüglich Datenschutzes die Verlinkung zum Gesetztext mit einem Mouse-Over. Bei der Videovariante sind die Befragten eher unsicher, denn sie den Inhalt des Videos nicht sehen können. Ein Vorschlag ist, Informationen über die Dauer und Inhalt des Videos zu geben. Dennoch äußern sich die meisten Befragten eher gegen die Nutzung von Videos allgemein und auf der Registrierungsseite. Ähnlich skeptisch zeigen sich die Befragten gegenüber dem Chat-Bot. Diesen würden sie wegen ihrer schlechten Erfahrungen bei anderen Webseiten eher ignorieren. Auch bei der Bewertung der Siegel sind die Befragten unsicher. Einige Verbraucher:innen zeigen sich skeptisch, weil die Siegel im Internet mit einfachen Mitteln reproduzierbar sind und missbraucht werden können.

> *Das also das Logo daneben, könnte jeder Anfänger-Designer erstellen. Das finde ich jetzt nicht sehr vertrauenerweckend und das ist auch nicht erklärend, worum es geht. (285 in 7_VerbInt)*

> *ich glaube, die kennen die Meisten, dass man ein recht auf Vergessen und Löschung der eigenen Daten hat, Recht auf Auskunft, und dass immer Übertragung und Speicherung der Daten zweckdienlich sein müssen und beschränkt werden müssen. Aber ist auf jeden Fall eine gute Art, wenn man Artikel, oder Gesetze zitiert, die auch zu verlinken. (248–250 in 8_VerbInt)*

Ein Vorschlag für eine effektive Unterstützung bei der Registrierung im Zusammenhang mit Datenschutz und IT-Sicherheit, die von einigen Verbraucher:innen gemacht wurden, ist die Erstellung von Informationen, die spezifisch bei der Dateneingabe beispielsweise erscheint:

> *... dass es vielleicht am Anfang einmal rauskommt und dann drückt man auf X. Aber wenn es einen dann doch wieder interessiert, kann man wieder draufdrücken oder dass man irgendwie,*

18

Siehe Registrierungskarten im Anhang 1.

wenn man mehr Informationen einfach das Logo klickt und das dann irgendwie aufpoppt oder Ähnliches, so als Kombination. (99–109 in 6_VerbInt)

Darüber hinaus finden einige Verbraucher:innen die „Frequently Asked Questions" hilfreich als Unterstützung für die Registrierung:

Erstes in die Hilfeseiten und in die FAQs und gucke da und wenn ich dann nicht weiterkomme, dann versuche ich in der Regel eine Telefonnummer rauszufinden. (377–381 in 7_VerbInt)

Die Infografik mit der Erklärung des Verlaufs bei der Nutzung von Vertrauensdiensten finden die meisten Befragten gut erklärend und simple schnell auf einem Blick zu begreifen, auch wenn die nicht sehr informativ ist.

Hier sieht man nämlich einen Prozess, der geht von links nach rechts. Wie man den auch allgemein lesen würde. Ich bin viel schneller in der Lage auf einen Blick erstmal einzuordnen, was mir dieses, dieser Fluss sagen möchte. Der Anwender steht links. Es gibt einen Dokumentenversand. Es gibt Vertrauensdienstanbieter. Da wird auch erklärt welche. (251–257 in 10_VerbInt)

Vertrauen

Aus der Perspektive der Experten sollen die Bürger:innen die Nutzerkonten als einen öffentlichen staatlichen Dienst vertrauen. Das heißt, dass die Bürger:innen als selbstverständlich wahrnehmen sollen, dass diese Dienste im Auftrag des Staates und nach Datenschutzverordnung korrekt handeln und IT-Sicherheit Standards folgen. Auch wenn die Bürger:innen nach der DSGVO immer die Verarbeitung und Speicherung persönlicher Daten einwilligen müssen, was als „eingebautes Misstrauen" bezeichnet wird. Darüber hinaus wird im Zusammenhang mit Vertrauensaufbau empfohlen, eIDAS zu nutzen.

Nach der Meinung von einigen Expert:innen existiert im Allgemeinem kein Vertrauen in öffentliche Online-Dienste. Dafür sollten die Organisationen „transparent" ihre Digitalisierungsprozessen im Internet veröffentlichen bzw. erklären, so dass Verbraucher:innen selbst diese Prozesse überblicken können.

Und es muss dann in der Verwaltung auch so sein, dass wenn ich auf so einen Onlinedienst drauf gehe, ich nicht mir erst noch alles Mögliche durchlesen muss, sondern ich muss denen vertrauen können, dass natürlich hier nach Recht und Gesetz mit meinen Daten umgegangen wird. Wo kommen wir denn da hin, wenn/ Das ist doch eigentlich total absurd, wenn man sich mal überlegt, ich gehe auf eine Verwaltungsleistung und die schreiben mir noch mal eine

Datenschutzerklärung, in der sie mir noch mal versichern: Ja, wir gehen mit deinen Daten ordentlich um. Wie kann denn das? Also das passt doch nicht zusammen. Und bei dem Nutzerkonto ist es noch so, ich muss dann auch noch mal immer einwilligen, ja? Also dieses Misstrauen ist da schon eingebaut. (251 in 4_ExpInt)

Wenn es um Vertrauen geht, werbe ich sehr stark für den eIDAS-Vertrauensraum. (21 in 2_ExpInt)

Aber im Allgemeinen gibt es die nicht und ich glaube nicht, dass wir eine Produktkultur oder ein Verbrauchervertrauen dahingehend entwickeln können, dass wir sagen: „Guck selber nach", sondern du musst die Möglichkeiten haben, nachzugucken. Also es muss transparent sein, wie die entsprechenden Institutionen dazu kommen. Das ist sicherlich nicht verkehrt, aber es ist immer vor allen Dingen dann wichtig, wenn es keine Marktüberwachung gibt. Die Marktüberwachung normalerweise würde das ja abnehmen. Die würde sagen, „Wir kontrollieren die Leute und die kriegen ein Testat", nämlich die Zulassung, dass das Produkt auf die Straße darf, und dann ist fertig. Und dann brauchen sie nicht nachgucken. Und wenn es das nicht gäbe, dann müssten solche Institutionen, die Vertrauen haben wollen, alles sehr transparent darstellen. Also im Internet gibt es das, nicht? Also das ist gar nicht so, dass es das nicht gibt. Also unsere EV-Zertifikate werden genauso/ Das Vertrauen in die EV-Zertifikate wird genauso hergestellt. Das heißt also, dass jede CA, das ist die ausgebende Instanz, darstellen muss, wie sie wirklich diese Firma validiert, bei welchem Amtsgericht, nach welchem Schema wird das gemacht und so weiter. Und das veröffentlichen die auf ihrer Webseite und wer das nachklicken will, kann es nachklicken. (53 in 2_ExpInt)

Tatsächlich zeigen einige befragte Bürger:innen diese erwartete Haltung und vertrauen den offiziellen staatlichen Webseiten:

Ich gehe auch davon aus, dass bei Bund Seiten, bei offiziellen Seiten kein übermäßiges Tracking stattfindet, dass die Daten nicht verkauft werden, oder geteilt werden mit irgendwelchem Tracking, oder Dritten Parteien, die auf der Seite eingebunden sind, wie Werbebanner, oder so was. Das ist eigentlich nicht üblich, da habe ich ein Grundvertrauen. Naives Grundvertrauen, sagen wir es mal so. (262 in 8_VerbInt)

Andererseits sind die Bürger:innen durch ihre alltägliche Nutzung von privaten Online-Diensten und die entsprechende Vermittlung von persönlichen Daten das Risiko gewohnt, dass persönliche Daten gestohlen oder missbraucht werden können:

Das ist das gleiche wie es überall ist. Die bemühen sicherlich alles zu sichern. Aber es gibt immer wieder irgendwelche Fälle von Datendiebstahl. So wie es überall vorkommt. (...) Ja, es passiert selten. Aber im Wesentlichen sind die Daten sicher. (355–365 in 10_VerbInt)

Und dennoch sind einige Bürger:innen auch skeptisch über die Vermittlung von persönlichen Daten in Nutzerkonten. Die Bürger:innen können nicht immer nachvollziehen, warum einige Daten für die Registrierung nachgefragt werden. Aus diesem Grund zeigen sie sich skeptisch über die Nutzerkonten:

ich bin das Leid gewohnt, aber ich bin, glaube ich, abgestumpft, ich bin jetzt nicht, also das Vertrauen ist schon erschüttert, sagen wir es mal so, glaube ich, langfristig. (264–270 in 8_VerbIn)t

Für einige Bürger:innen haben jedoch Datenschutz und IT-Sicherheit einen wichtigen Stellenwert, um das Vertrauen an die Nutzerkonten zu erhöhen:

Ich glaube Vertrauen, dass man das dann öfter nutzen würde und nicht, also was heißt öfter? Also so oft muss ich jetzt auch nicht zum Bürgeramt oder so, aber dass man nicht mit so einem komischen Gefühl und nicht weiß, ob man das jetzt abgeschickt hat und die Kommunikation irgendwie deutlich vereinfacht. Und ja, ich glaube, dass man dann ein besseres Gefühl hat einfach dabei, das zu nutzen. (171–173 in 6_VerbInt)

Darüber hinaus erklären einige Bürger:innen, dass sie skeptisch bei der Nutzung von Nutzerkonten sind, weil auch wenn die Datensicherheitsstandards umgesetzt werden, können sie nicht wissen, ob auch IT-Sicherheitsstandards richtig im Hintergrund umgesetzt sind. Die wahrgenommenen Mängel an der Usability der Webseiten verstärken das Mistrauen in die Nutzerkonten:

Also das, ich weiß, dass sie nur die nötigsten Daten und dass sie richtig verarbeitet werden, aber das sagt nichts da drüber aus, ob sie wirklich sicher sind auf deren Seite, weil das kann menschliches Versagen sein, wenn die verloren gehen, oder schlecht gebautes System. Ein bisschen wenig Vertrauen haben ich in dieses Bund ID Ding, weil es schon da sehr schlecht aufgebaut ist, ob das dahinterliegende System genauso schlecht aufgebaut ist, aber wie man mit einer Behörde kommunizieren will, ist das, glaube ich, eher zweitrangig, weil Daten liegen eh vor und die haben meine Daten eh. (146 in 8_VerbInt)

Zu Usability-Aspekten gehört die Klarheit bei der Informationsvermittlung (s. Working Paper 03: 9). Dieser Aspekt kann auch zur Erhöhung des Vertrauens der Bürger:innen in Nutzerkonten beitragen. Beispielsweise erklärt eine Bürgerin, dass eine Erklärung über die Notwendigkeit und Sinn der spezifisch nachgefragten Daten in den Nutzerkonten, das Verständnis der Nutzerkonten vereinfachen wurde:

Also ich fände es erst mal ganz gut bei diesen ganzen Datenschutzsachen, wenn es erst mal angenehmere Texte gäbe zu lesen. Also jetzt nicht so nur trocken diese ganzen Datenschutzsachen so auflisten, sondern wenn ich auf einen Text, wenn ich einen Text zu lesen bekäme in dem ich merke, ich möchte angesprochen werden, dass mir die Menschen ihr Konzept vermitteln wollen, so: "Wir erfassen die und die Daten. Die brauchen wir da und dafür. Das und das haben wir uns dabei gedacht. An die und die Stellen wird das Ganze gehen." (465 in 7_VerbInt)

Die Verbindung zwischen Usability im Zusammenhang mit der Informationsvermittlung über Datenschutz und IT-Sicherheit und dem Vertrauen in den Nutzerkonten wird auch von Bürger:innen bezüglich der Angemessenheit der Datenerhebung. Einige Bürger:innen haben nicht nachvollziehen können, warum bei der Registrierungsaufgabe in den verschiedenen Nutzerkonten unterschiedliche Daten nachgefragt werden. Darüber hinaus halten sie die Nachfrage nach einigen persönlichen Daten für unnötig (z. B. akademischer Titel). Diese Diskrepanzen zwischen den Nutzerkonten sowie die wahrgenommene Unangemessenheit der Erhebung persönlicher Daten sehen die Bürger:innen als ein wichtiger Usability-Aspekt, der zu dem Misstrauen gegen Nutzerkonten führt:

Eigentlich sollte in jedem Kontakt mit irgendwie von meinem Steuergeld finanzierten Online Services vorbildlich damit umgegangen werden, waren die jetzt nicht, die haben jetzt unnötig viele Daten erhoben. Da sollte irgendwie Datenschutz mit im Design und Usability Prozess auf jeden Fall eingebunden sein und solche Fragen halt einfließen. Nicht irgendwie als Häkchen irgendwie im Plan, den sie irgendwo haben, ja, dann schmeißt man noch einen Link zur Datenschutzseite rein, sondern sollte halt der Prozess hinterfragt werden, was halt in solchen öffentlichen Projekten meistens ein Problem ist. Also ich bin ziemlich sicher, dass die nach bestem Wissen und Gewissen meine Daten verarbeiten, aber die Seiten spiegeln das halt nicht wieder. (334 in 8_VerbInt)

3. Partizipative Gestaltung von Instrumenten

Für die Gestaltung der Instrumente zur aktiven und sicheren Teilhabe an Online Public Services wurden die Ergebnisse der quantitativen und qualitativen Befragungen berücksichtigt und partizipative Methoden umgesetzt: vier Design-Thinking-Sessions wurden mit Studierenden der Verwaltungsinformatik an der TH-Wildau im Wintersemester 2022/2023 und im Sommersemester 2023 durchgeführt.

Die elaborierten Prototypen der Nutzerkonten-Webseiten mit den skizzierten Instrumenten orientieren sich auf das Bund-ID statt auf die Nutzerkonten von Berlin und Brandenburg, weil diese beiden Angebote inzwischen nicht weiter existieren werden. Sie werden durch das Bund-ID ersetzt.

Der finale Prototyp mit den Instrumenten wurde mit der Walk-Through-Methode (Light et al. 2018) evaluiert, die im Kapitel 4 beschrieben wird. Zunächst erklären wir die Bedeutung von Design Thinking im nächsten Abschnitt und die Zusammenfassung der relevantesten Veranstaltungsergebnisse, die das Prototypdesign unterstützt haben.

3.1 Das Design Thinking Konzept und Umsetzungsergebnisse

Design-Thinking-Methoden basieren auf die Ideen von partizipativem Design (Sanoff 2006), nutzerzentriertem Design (Norman 1988), Service Design (Kimbell 2010) und Human-Centered-Design (Gasson 2003), die die zunehmende Integration und Komplexität von technologischen Produkten und Diensten im Alltag und die Konsequenzen der Entkopplungen zwischen Kulturen und Artefakten im Prozess der technischen Entwicklung konfrontieren.

In der Public Management orientierten Literatur wird Design Thinking als eine organisatorische Ressource konzipiert, um Innovationen zu entwickeln und zu steuern (Kimbell 2011, Brown 2008, 2009; Johansson-Sköldberg et al. 2013). In Design Thinking werden grundsätzlich verschiedenen Entwicklungsmethoden wie ethnographische und visuelle Techniken sowie Modellierungen oder Prototyping (Bason 2010) umgesetzt. Darüber hinaus gehören das Finden von Bedürfnissen, Brainstorming und Entwerfen zu den üblichen Vorgehensweisen des Design Thinking (Seidel & Fixson, 2013: 19). Verschiedene Prinzipien leiten die Umsetzung der Design Thinking Methoden: Nutzerfokussierung, Problemkontextualisierung, Visualisierung, Diversität und Experimentieren (Carlgren, Rauth, & Elmquist, 2016).

Nutzerfokussierung bezieht sich auf das Einbeziehen von Nutzer:innen in den Entwicklungsprozess von Endprodukten. Dies geschieht durch die Verwendung von qualitativen Forschungsmethoden sowie durch partizipative Ansätze wie Fokusgruppen. Durch die Nutzerfokussierung werden die Bedürfnisse und Wünsche von Nutzer:innen besser verstanden und den entworfenen Produkten optimiert.

Das Prinzip der Problemkontextualisierung leitet auch die Optimierung der entworfenen Produkte insofern, dass die Räume, in denen die Nutzer:innen mit den Produkten und mit anderen Nutzer:innen interagieren berücksichtigt werden.

Das Prinzip der Visualisierung bezieht sich auf die Darstellung der Produkt-Entwürfe und deren Optimierungen. Darüber hinaus werden in dem Design Thinking Prozess diverse Perspektiven von unterschiedlichen Akteur:innen kooperativ miteinbezogen. Darauf bezieht sich das Prinzip der Diversität. Das Experimentieren bezieht sich auf die iterative Herangehensweise, die die Nutzerfokussierung, die Visualisierung und das Optimieren der Produktentwürfe zusammenbringt (Carlgren, Rauth, & Elmquist, 2016).

Für die Digitalisierung von öffentlichen Diensten wurde Design Thinking in Deutschland noch wenig umgesetzt (Terry 2012, Dribbisch 2016, Heuwig und Maletz 2019). Einige Beispiele haben sich in den vergangenen Jahren trotzdem gezeigt[19]. In München wurden eine so genannte „Global Gov Jam“ bei der Stadtverwaltung in 2017 organisiert[20]. Ursprünglich wurde das Konzept des Global Gov Jam in Australien entwickelt[21].

Die Umsetzung von Design Thinking geschieht iterativ, üblicherweise in fünf verschiedenen Phasen. Auch wenn grundsätzlich diese fünf Phasen (Entdecken bzw. Problem und Nutzer:innen verstehen, Interpretierung des Problems und der Nutzer:innen-Verhalten, Ideen generieren, Experimentieren mit Prototypen und Entwickeln bzw. Testen und Verbessern) in Design Thinking Prozessen präsent sind, gibt es in der Literatur einige Nuancen zu den dazu gehörenden Konzepten[22].

Wichtig bei der Umsetzung der verschiedenen Phasen ist allerdings zu beachten, dass diese nicht linear aufeinander ablaufen. Das ist eine der Vorteile des Design Thinking Ansatzes: die Informationen in den verschiedenen Prozessphasen können zur Verfeinerung und Revidierung der Problemdefinition jederzeit beitragen.

---

19 https://www.bva.bund.de/SharedDocs/Downloads/DE/Presse/Interviews/Fachmedien/vitako_verwaltung_agile_entwicklung.pdf?__blob=publicationFile&v=2 (Zugriff 10.08.2022). S. z. B. https://muenchen.digital/blog/jung-modern-agil-design-thinking-in-der-verwaltung/ (Zugriff 10.08.2022).

20 https://muenchen.digital/blog/govjam-2017-design-von-verwaltungsservices/ https://www.davidfreudenthal.com/portfolio/govjam/ (Zugriff 10.08.2022).

21 http://globaljams.org/jam/globalgovjam (Zugriff 10.08.2022).

22 https://web.archive.org/web/20210411035401/https://experience.sap.com/skillup/introduction-to-design-thinking/ (Zugriff 3.06.2022).

Vor der ersten Phase werden die Teams organisiert und die Räume sowie die Materialien vorbereitet. Die ideale Zahl von Team-Teilnehmer:innen beträgt zwei bis fünf Personen. Für die Brainstorming sessions können weitere Personen eingeladen werden. Dennoch ist für die Entscheidungsfindung bezüglich der Interpretationen des Problems, die Verfeinerung von Ideen und die Experimentieren Phase besser eine kleine Gruppe von maximal fünf Personen zu behalten.

Für die Festlegung der Gruppe ist es wichtig, dass Personen aus diversen Perspektiven in die Gruppe integriert werden. Die Integration von diversen Perspektiven der Gruppenteilnehmer:innen sollen dabei helfen, möglichst die Zielgruppe zu vertreten. Darüber hinaus ist es hilfreich, Rollen an den Gruppenteilnehmer:innen zu verteilen. Diese Rollen (z. B. Leader, Koordinator:in, Motivator:in, etc.) sollten an den Charakteren der Teilnehmer:innen angepasst werden, um eine produktive Gruppendynamik zu erzielen. Neben den Interaktionen der Gruppenteilnehmer:innen in den verschiedenen Arbeitsphasen sollen auch individuelle „Denkräumen" vorgesehen werden (s. Liedka und Salzan 2019; Evans und Terrey 2016).

In den ersten Phasen des Design Thinking Prozess soll die Erstellung einer empathischen Beziehung zu der Zielgruppe unterstützt werden. Es wird erwartet, dass das definierte Problem empathisch im Zusammenhang mit den Nutzer:innen verstanden wird. Um die Herstellung des empathischen Verständnisses des Kund:innen-Problems zu unterstützen, können so genannten „Empathie Maps" genutzt werden.

Das Empathie Map wurde von Dave Gray[23] entwickelt. Die Methode zur Anwendung dieses Maps zielt darauf, die Nutzer:innen eines Produktes besser einzuschätzen und ihren Bedürfnissen und Emotionen im Zusammenhang mit Kaufentscheidungen oder Produkterfahrungen zu verstehen. Zunächst wird eine konkrete Frage über die Emotionen der Kund:innen gestellt, z. B. „warum soll ich Produkt x kaufen?". Dann wird die Frage gestellt, in wen wir uns einfühlen, gefolgt von weiteren Fragen über den verschiedenen Aspekten im Zusammenhang mit der Erfahrung der Person mit dem Produkt (was soll die Person tun? Was sieht, sagt, tut, hört sie bezüglich des Produktes?).

Nach der Entdeckung mit Hilfe von Empathie Maps und der Interpretationsphase, in der die Designergruppe mit Personen mit diversen Perspektiven auf dem Design-Thinking-Output festgelegt wird, findet die dritte Phase statt, in der der Fokus auf Dialog gelegt wird. In der Designgruppe werden Selbstverständlichkeiten in Frage gestellt und lösungsorientiert debattiert. Wichtig in diesen Dialogen und Debatten ist eine leitende Methodologie anzuwenden, die das Vermeiden von unproduktiven Diskussionen unterstutzt. Die Strukturierung der Dialoge oder Post-it-Karten für die Notierung von

---

23 https://gamestorming.com/empathy-mapping/ (Zugriff 23.06.2022).

individuellen Ideen bevor diese in der Gruppe diskutiert werden, können sehr hilfreich sein (s. Liedka und Salzan 2019).

Im Kontext von öffentlichen Diensten können verschiedenen Methoden und Instrumenten (Action Learning, Network Mapping, Journey Mapping, etc.) verwendet werden (Evans und Terrey 2016).

Für die Umsetzung von öffentlichen Diensten ist Design Thinking bzw. Ko-Design vor allem wichtig, weil es erlaubt, die Kontextualisierung von öffentlichen Diensten herzustellen, eine strukturierte Experimentierung der politischen Maßnahmen zu praktizieren, die Beweise aus der Umsetzungspraxis generiert sowie die Risiken der möglichen Fehler bei der Umsetzung der politischen Maßnahmen bzw. öffentlichen Dienstleistungen zwischen Bürger:innen und Stakeholders zu verteilen (Evans und Terrey 2016).

Design Thinking Methoden können darüber hinaus verwendet werden, um die Usability bzw. die Usable Security von E-Government Dienste wie die Nutzerkonten zusammen mit Bürger:innen zu erhöhen (Mayoka und Humpfrey 2016, Verkijika und De Wet 2018). Die Erfahrungen von Nutzer:innen sind dabei der Ausgangspunkt für die Entwicklung der Web-Seiten. Speziell der Aspekt der Vertrauensentwicklung, die Verkijika und De Wet (2018) in ihrer Untersuchung berücksichtigen, ist für unsere Usable Security Ansatz interessant. Bei diesem Aspekt wird die Dimension des Datenschutzes und Datensicherheit berücksichtigt. Datenschutz und Datensicherheit bzw. IT-Sicherheit sind sehr wichtige Dimensionen, die die Vertrauensdimension der Entwicklung und Umsetzung von E-Government Web-Seiten entscheidend beeinflussen, wie andere Autor:innen empirisch gezeigt haben (Alsaghier & Hussain, 2012; Alzahrani et al., 2016).

In unserer Umfrage (s. Kap. 2) wurde dieser Vertrauensaspekt mit folgenden Dimensionen berücksichtigt: Informationen über Datensicherheit und Datenschutz, Nutzerfreundlichkeit und Verständnis der Informationen über Datenschutz und Datensicherheit. Darüber hinaus wurden Fragen über die Einschätzung der Sensibilität der nachgefragten Daten gestellt sowie über Digitale Souveränität.

Die Antworten auf die offene Frage über die benötigten Informationen, um sich sicher bei der Nutzung von öffentlichen Online-Diensten zu fühlen, zeigen, dass die Teilnehmer:innen sich vor allem Gedanken über die Anonymisierung ihren Daten und die Vermeidung von Datenleaks bzw. Weitergabe an Dritten machen oder darüber, dass ihre persönlichen Daten nach DGSVO korrekt behandelt werden. Einige Beispiele der Antworten von Teilnehmer:innen sind:

- *Dass es sich um bei den Datenverarbeitenden um Behörden handelt und meine Daten bei öffentlichen Stellen bleiben*

- *Datenschutzerklärung, Cookie-Einstellungen, keine hinterrücks durchgeführte Anmeldung zu irgendwelchen Newslettern, telefonischer oder postalischer Werbung, keine Weitergabe der Kontaktdaten, verschlüsselte Online-Kommunikation, Verarbeitung des Anliegens und Lösung des Problems statt Strategie des "schwarzen Loches", bei der alle Anfragen und Anliegen auf Nimmerwiedersehen verschwinden bzw. Strategie des "Ping-Pong", bei der man endlos hingehalten wird, stets neue, sich widersprechende Informationen erhält und kein Mitarbeiter weiß, was vorher vereinbart wurde.*
- *Datensicherheit, Datenweitergabe, Dauer der Speicherung, wer diese Daten schützt und vereinfacht, wie diese geschützt werden*
- *Hinweis, dass meine Daten anonymisiert und nicht weiterverkauft werden oder anderweitig genutzt werden*

Während der Registrierungsaufgabe in das Nutzerkonto haben die Mehrheit der Teilnehmer:innen (58,3%) die **Informationen über Datenschutz und Datensicherheit nicht gelesen**. 33,3% der Teilnehmer:innen haben diese Informationen teilweise gelesen.

Ähnlich wie bei der Frage über die erwünschte Unterstützung bei der Registrierung in das Nutzerkonto sind Chatbots und direkte Links zu Gesetztext von den Teilnehmer:innen als Art der Informationsvermittlung für das Verständnis von Datenschutz und Datensicherheit in den Nutzerkonten am wenigsten erwünscht. Die Mehrheit (58,3%) der Teilnehmer:innen bevorzugen eine **Erläuterung über Risiken bezüglich Datenschutz und Datensicherheit** und 41,7% der Teilnehmer:innen wünschen **spezifischen Erklärungen bei den jeweiligen Dateneingaben**.

Auf die Frage über die Verantwortlichen für Datenschutz bei den Nutzerkonten (*Bitte notieren Sie, wer auf der Website des Servicekontos Berlin/ Nutzerkonto Brandenburg für Datenschutzanfragen verantwortlich ist.*) spiegeln die Antworten der Teilnehmer:innen vor allem Unsicherheit wider. Einige Teilnehmer:innen gaben ein, dass sie nicht wussten, wer für Datenschutz bezüglich der Nutzerkonten verantwortlich ist. Andere Teilnehmer:innen identifizierten die Senatsverwaltung für Inneres und Sport oder das ITDZ als Datenschutz-Verantwortlichen für das Nutzerkonto Berlin, während das ZIT-BB oder der Brandenburgische IT-Dienstleister

für die Brandenburger Nutzerkonten von Teilnehmer:innen als Datenschutz-Verantwortliche eingegeben wurden.

Die Antworten auf die Items über **Datenschutz und Datensicherheit bei der Registrierung in das Nutzerkonto zeigen auch die Unsicherheit bez. ihres Verstehens**. Die Mehrheit der Teilnehmer:innen weiß nicht, ob ihre IP-Adresse in einer reduzierten Form länger als 60 Tage gespeichert wird, ob die gesammelten Daten nur auf Servern in Deutschland gespeichert werden. Auch über die Speicherung des Surfverhaltens während der Registrierung in das Nutzerkonten oder über die Speicherung der Daten zur Nutzung des Nutzerkontos länger als fünf Jahren zeigen sich die Teilnehmer:innen nicht sicher (45% der Teilnehmer:innen wissen nicht, ob das so ist). Sicher zeigten sich dennoch die Teilnehmer:innen im Zusammenhang mit dem Recht auf die Löschung ihren persönlichen Daten oder über die Weitergabe ihren persönlichen Daten an Dritten nur mit ihrer Zustimmung.

Die Teilnehmer:innen wurden nach der Registrierungsaufgabe in das Nutzerkonto darum gebeten, die Sensibilität der nachgefragten Daten einzuschätzen. Die Mehrheit der Teilnehmer:innen geben zu, dass die Daten, die zur Registrierung in das Nutzerkonto nachgefragt werden, **sensibel (50%) oder sehr sensibel (33%)** sind. 17% der Teilnehmer:innen stufen diese nachgefragten Daten als nicht sensibel ein.

Für die Messung der *digitalen Souveränität* wurden drei items formuliert im Zusammenhang mit dem Zugang zu öffentlichen Online-Diensten, dem Verstehen der Informationen bezüglich Datenschutzes und der Selbstentscheidung über die Weitergabe von privaten Daten. **Die Mehrheit der Teilnehmer:innen lehnte die Behauptung ab (27%) oder ganz und gar ab (18%), dass sie bei der Registrierung beim Servicekonto jederzeit über die Weitergabe der eigenen privaten Daten selbst entscheidet. 36% der Teilnehmer:innen war unentschieden über diese Behauptung**. Auch das **Verstehen aller Informationen in den Protokollen über Datenschutz wird von der Mehrheit der Teilnehmer:innen abgelehnt**. 18% der Teilnehmer:innen sind unentschieden. Der **Zugang zu öffentlichen Online-Diensten ist für die Mehrheit der Teilnehmer:innen unproblematisch** (27% stimmt eher zu, 9% stimmt größtenteils zu und 18% stimmt voll und ganz zu). Dennoch stimmt 18% der Teilnehmer:innen eher ab, 9% lehnt größtenteils ab und 9% lehnt ganz und gar ab, dass der Zugang zu öffentlichen Online-Diensten für sie unproblematisch ist.

Diese Umfrageergebnisse wurden für die Vorbereitung der Design-Thinking-Worshops genutzt. Die Design-Thinking-Sessions wurden im Rahmen der Veranstaltungen von Frau Prof. Scholl an der TH-Wildau organisiert. In einer ersten Phase wurden zwei Veranstaltungen durchgeführt und insgesamt wurden zwölf Prototypen am Beispiel von der Nutzerkonto Brandenburg und der Servicekonto Berlin erstellt und diskutiert. In einer zweiten Phase wurden zwei weiteren Veranstaltungen durchgeführt. Die Arbeit in den Veranstaltungen dieser zweiten Design-Thinking-Phase konzentrierte sich auf das Prototyp-Beispiel von BundID, weil sowohl das Land Berlin als auch das Land Brandenburg entschieden haben, statt BundID ihre eigene Registrierungsseite für den Zugang zu öffentlichen Online-Diensten zu nutzen.

Die Merkmale der Instrumente, die aus unseren Analyseergebnissen extrahiert wurden, beziehen sich auf „Zugang“ und „Verstehen“ zu Datenschutzinformationen und konzentrieren sich auf sieben

Hauptaspekten, die aus den vorherigen Projektphasen extrahiert wurden: Informationen über Funktionalitäten, Informationen über Interoperabilität, Navigation, Layout, Datenschutzprotokolle, Vertrauensstufen, Datenübermittlung.

In Kapitel 5 geben wir einige Beispiele der Übungen, die in den Veranstaltungen umgesetzt wurden. Diese können für die Integration dieser Thematik und vor allem im Rahmen der Digitalisierung von Public Services in der Lehre genutzt werden.

Im folgenden Abschnitt werden die konkreten Vorschläge der Instrumente gezeigt, die zur Inspiration in den ersten Phasen der Workshops (Entdeckung und Interpretation) geholfen haben.

3.2. Usability von Datenschutz und IT-Sicherheit in den Nutzerkonto-Beispiele

Am Beispiel vom Nutzerkonto Brandenburg und Service Konto Berlin zeigen wir in den nächsten Seiten, inwiefern Datenschutz und IT-Sicherheit aus der Nutzerperspektive bei der Registrierung sichtbar und klar sind[24]. Darüber hinaus zeigen wir basierend auf die OWASP Richtlinien zur Passwortgestaltung, ob und wie in beiden Nutzerkonten diese Richtlinien bei der Registrierung erfüllt werden.

Bild 7 zeigt die Registrierung beim Nutzerkonto Brandenburg. Der Registrierungsbutton ist zusammen mit der Anmeldung oben rechts zu finden. Eine weitere Anmeldungsmöglichkeit erscheint unten links. Diese Verdoppelung der Registrierungsoption kann den Nutzer:innen verwirren.

Nach dem Anklicken in der Registrierung gelangen die Nutzer:innen in einer Registrierungsseite (s. rechts in Abbildung 22). Sowohl bei der Registrierung als auch bei der vorherigen Seite sind die Texte zu lang und die Buchstaben zu klein. Der Zugang zum Datenschutz steht unten rechts in kleinen Buchstaben. Zusätzlich steht eine Verlinkung zur Datenschutzerklärung bei der Option zur Willigung der Verarbeitung persönlichen Daten. Die unterschiedliche Vertrauensstufen der Registrierung oder die Registrierungssplitterung zwischen Bürger:innen und Unternehmen werden hier zunächst nicht gezeigt.

In einem dritten Schritt gelangen die Nutzer:innen in einer Maske (s. Bild 8), wo mehreren Informationen nachgefragt werden (inkl. Doktorgrad. Grund für die Nachfrage nach dieser Information ist unbekannt und potenziell verwirrend.). Die Nachfrage dieser Informationen beziehen sich auf § 8 OZG[25]. Unten auf der Seite wird auch nach der DE-Mail-Adresse nachgefragt. Diese wurde aber am

---

24

Diese Kriterien beziehen sich auf die Checkliste zur Barrierefreiheit Design: https://barrierefreies.design/barrierefreiheit-interaktiv-testen/checkliste-fur-barrierefreies-webdesign (Zugriff 7.07.2022).

25

31.08.2022 komplett abgeschafft, worüber die Bürger:innen nicht direkt auf der Seite informiert werden. Hier gibt es also eine weitere potenzielle Verwirrungsquelle für die Nützer:innen.

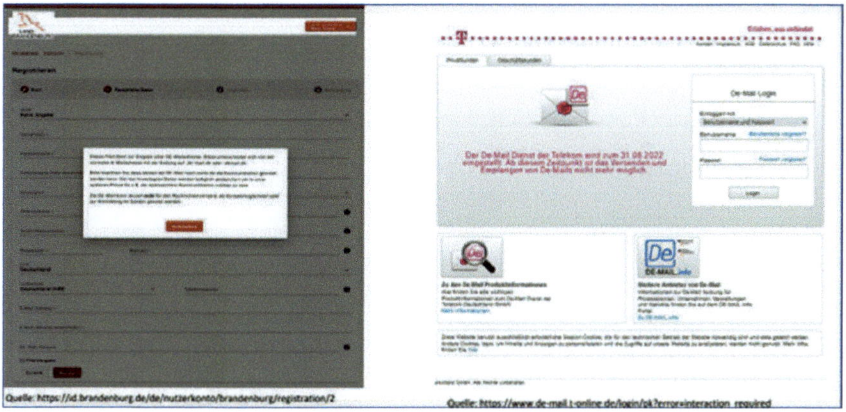

Abbildung 23: Nutzerkonto Brandenburg Registrierung
(https://id.brandenburg.de/de/nutzerkonto/brandenburg)

Die Abbildung 21 zeigt bereits die Portalseite des Service Konto Berlin. Das Design ist sehr verschieden zu den Nutzerkonto Brandenburg. Hier werden die Zielgruppen und die zur Verfügung gestellten Verwaltungsleistungen direkt gezeigt. Diese werden wiederholt nach Anklicken auf den Registrierungsbutton gezeigt und ausführlicher zusammen mit den Vertrauensstufen erklärt. Der Zugang zur Datenschutzerklärung steht ähnlich wie auf der Seite des Bandenburger Nutzerkonto in kleinen Buchstaben unten auf der Seite.

Nach Auswählen der Option Registrierung als Bürger:innen gelangen die Nutzer:innen in einer Maske, wo mehreren persönlichen Daten nachgefragt werden. Die persönlichen Daten, die auf dieser Seite nachgefragt werden, sind im Unterschied zu denen auf der Brandenburger Nutzerkonto weniger. Passwortkontrollen gibt es auf dieser Seite durch die Wiederholung der Passworteingabe und durch eine Sicherheitsanfrage. Die OWASP Vorschläge zur Einführung von „password strength meter“ oder Hinweise über sichere Passwörter[26] (s. rechts auf Abbildung 24) werden nicht gefolgt.

---

https://www.gesetze-im-internet.de/ozg/BJNR313800017.html (Zugriff 17.08.2022).

26

Siehe https://www.bsi.bund.de/DE/Themen/Verbraucherinnen-und-Verbraucher/Informationen-und-Empfehlungen/Cyber-Sicherheitsempfehlungen/Accountschutz/Sichere-Passwoerter-erstellen/sichere-passwoerter-erstellen_node.html (Zugriff 3.07.2022). Siehe auch die Empfehlungen von BSI zur sicheren Gestaltung von Passwörtern:

A

Abbildung 24: Servicekonto Berlin Passwortgestaltung

Das BSI gibt folgende Tipps zur sicheren Gestaltung von Passwörtern[27]:

- *Sie müssen sich ein Passwort gut merken können.*
- *Je länger das Passwort ist, desto besser.*
- *Das Passwort sollte mindestens acht Zeichen lang sein.*

---

https://www.bsi.bund.de/SharedDocs/Downloads/DE/BSI/Publikationen/Studien/WebSec/WebSec.pdf?__blob=publicationFile&v=1 (Seite 68 ff.) (Zugriff 03.07.2022).

27 https://www.bsi.bund.de/DE/Themen/Verbraucherinnen-und-Verbraucher/Informationen-und-Empfehlungen/Cyber-Sicherheitsempfehlungen/cyber-sicherheitsempfehlungen_node.html (Zugriff 3.07.2022).

- *Für ein Passwort können in der Regel alle verfügbaren Zeichen genutzt werden, also Groß- und Kleinbuchstaben, Ziffern und Sonderzeichen.*
- *Das vollständige Passwort sollte nicht im Wörterbuch vorkommen. Gängige Zahlenfolgen oder Tastaturmuster kommen ebenfalls als sicheres Passwort nicht in Frage.*
- *Einfache Ziffern oder Sonderzeichen vor oder nach einem normalen Wort zu ergänzen, ist nicht empfehlenswert.*

Die Rechenaufgabe zur Absicherung des Vorgangs bzw. zur Authentifizierung (Sicherstellen, dass nur die autorisierten Anwender:innen Zugang zum System bekommen) kann für einige Menschen verwirrend sein und ist nicht konform mit IT-Sicherheitsstandards[28].

Zusammenfassend gibt es aus der Sicht der Bürger:innen folgende Usability Aspekte, die zu Unklarheiten bezüglich IT-Sicherheit und Datenschutz führen können:

Beim Nutzerkonto Brandenburg:

- Notwendigkeit der nachgefragten persönlichen Daten ist fraglich (z. B. Doktorgrad).
- Nachfrage nach DE-Mail ist obsolet.
- Redundanzen der Anmeldungsoptionen.
- Zu kleine Buchstaben. Schwierige Lesbarkeit bzw. Sichtbarkeit von Registrierungsoptionen.
- Unverständliche Terminologie und fehlende Erklärungen (z. B. Authentisierung, Zwei-Faktor-Authentifizierung).

Beim Service Konto Berlin:

- Mangelhafte Passwortkontrollen.
- Keine Möglichkeit auf anderen Sprachen (z. B. Englisch) die Seite zu nutzen (s. Anpassung an der Umsetzung des SDG – EU Single Digital Gateway Verordnung[29]).
- Potentiell verwirrende Rechenaufgabe.
- Zu kleine Buchstaben. Schwierige Lesbarkeit von Vertrauensstufen.
- Unverständliche Terminologie und fehlende Erklärungen (z. B. Authentisierung, Zwei-Faktor-Authentifizierung).

---

28 Siehe https://www.bsi.bund.de/SharedDocs/Downloads/DE/BSI/Publikationen/Studien/WebSec/WebSec.pdf?__blob=publicationFile&v=1 (s. 63) (Zugriff 03.07.2022).

29 https://www.onlinezugangsgesetz.de/Webs/OZG/DE/grundlagen/info-sdg/info-sdg-node.html (Zugriff 20.08.2022) https://eur-lex.europa.eu/EN/legal-content/summary/the-single-digital-gateway.html (Zugriff 20.08.2022)

Ein weiterer Usability Aspekt, der bei beiden Konten zu Unsicherheiten führt, ist die Unklarheit der Interoperabilität zwischen beiden Konten. Die Disparitäten zwischen den Designs beiden Nutzerkonten verstärken die Unsicherheiten der Nützer:innen. Es wird unklar, warum es unterschiedlichen Nutzerkonten mit verschiedenen Designs gibt, wenn die hauptsächliche Funktion der Nutzerkonten die einheitliche Authentisierung für die Nutzung von öffentlichen Online-Diensten sein soll.

3.3 Kriterien für die Gestaltung der Instrumente zur aktiven und sicheren Teilhabe an online Public Services

Für die Gestaltung der Instrumente zur aktiven und sicheren Teilhabe an online Public Services am Beispiel der Nutzerkonten (Bund-ID) wurden den Ergebnissen der explorativen und empirischen Forschungsphasen in konkreten Gestaltungskriterien formuliert. Erstens ist es notwendig zu erkennen, wofür die Nutzerkonten gedacht sind und zweitens soll ständig klar sein, wie Datenschutz und IT-Sicherheit in Nutzerkonten gewährleistet werden.

- **Wofür** werden öffentliche online Nutzerkonten gemacht?

2019 wurde das online Nutzerkonto Bund geschaltet. Online Nutzerkonten sind für die Registrierung bzw. Identifizierung und Authentisierung von Nutzer:innen gedacht, die digitale Verwaltungsleistungen im Portalverbund nutzen wollen. Nutzer:innen können sich in Nutzerkonten wie in einem Onlineshop registrieren und ihre damit ausgewiesene digitale Identität gegenüber Behörden ausweisen. Die in den Nutzerkonten gespeicherten Identitätsdaten sowie ein persönliches Postfach können zudem für die Online-Kommunikation mit der jeweils zuständigen Behörde verwendet werden. Mit der einmaligen Registrierung im Nutzerkonto können Nutzer:innen sich gegenüber allen verfügbaren Verwaltungsleistungen im Portalverbund authentisieren[30].

Die Verwaltungsleistungen, die für Verbraucher:innen (für Unternehmen und Behörden ist die Nutzung von Nutzerkonten auch möglich) durch die Authentisierung in Nutzerkonten genutzt werden können, sind in drei bzw. zwei Sicherheitsstufen untergliedert. Je nachdem wie sensibel die persönlichen Daten für die jeweiligen Verwaltungsverfahren sind, werden die verschiedenen Verwaltungsleistungen in diesen Sicherheitsstufen eingruppiert[31] (s. Abbildung 25).

Bei der niedrigsten Variante können Verbraucher:innen eine „Basisregistrierung" mit einem Benutzernamen (oder alternativ einer E-Mail-Adresse als Benutzername) und einem Passwort auswählen. In diesem Fall werden Verwaltungsverfahren genutzt, die keine sensiblen persönlichen Daten für die Kommunikation mit den Behörden bzw. mit der Verwaltung in Anspruch nehmen.

---

30 https://www.onlinezugangsgesetz.de/Webs/OZG/DE/grundlagen/info-ozg/architektur/architektur-node.html (Zugriff 30.08.22)

31 https://www.onlinezugangsgesetz.de/SharedDocs/downloads/Webs/OZG/DE/nutzerkonto-bund.pdf;jsessionid=30B0A80ECD87D0429AE7C50CFE299BBD.2_cid287?__blob=publicationFile&v=8 (Seite 11. Zugriff 30.08.22)

Die „substanzielle" Vertrauensstufe verlangt ein Software-Zertifikat sowie ein PIN (persönliche Identifikationsnummer). Das Softwarezertifikat für die Steuererklärung (ELSTER) kann dafür verwendet werden.

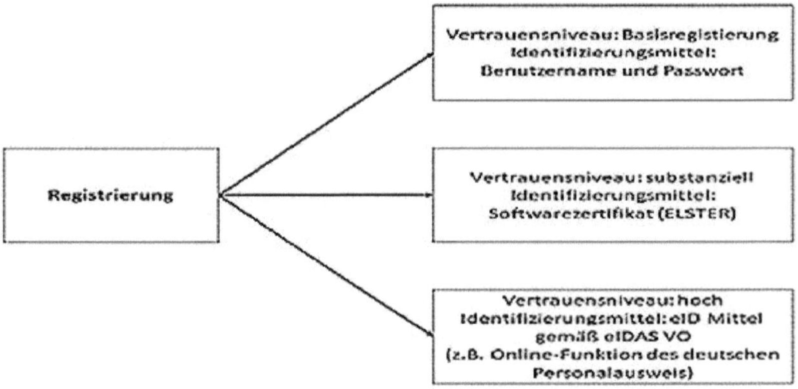

Abbildung 25: Vertrauensniveaus bei der Registrierung in Nutzerkonten gemäß eIDAS-VO[32]

Die Nutzung der Verwaltungsleistungen mit dem höchsten Vertrauensniveau benötigt einen Personalausweis oder einen elektronischen Aufenthaltstitel mit Online-Ausweisfunktion. EU-Bürger:innen aus einigen EU-Ländern benötigen einen in ihrem Heimatstaat zugelassenes eID-Mittel für die Identifizierung und Authentifizierung auf dieser Vertrauensstufe.

Zweck, Vorteile, Funktionen und Sicherheitsstufen der Nutzerkonten sollen von vorne rein sehr deutlich und verständlich vermittelt werden.

- Welche **Verwaltungsleistungen sind mit Nutzerkonten-Funktionalitäten online verfügbar**?

Einen unvollständigen Überblick wird auf folgender Webseite angeboten[33]:

32 https://www.onlinezugangsgesetz.de/SharedDocs/downloads/Webs/OZG/DE/nutzerkonto-bund.pdf;jsessionid=30B0A80ECD87D0429AE7C50CFE299BBD.2_cid287?__blob=publicationFile&v=8 (Seite 11. Zugriff 30.08.22)

33

- Welche **Informationen** des Datenschutzes und der IT-Sicherheit sollen in Nutzerkonten vermittelt werden?

Für Nutzer:innen soll in jeder Nutzungsphase der Nutzerkonten klar sein, wie ihre Daten geschützt sind und welche IT-Sicherheitsmaßnahmen und Mechanismen werden umgesetzt. Das heißt, dass diese Informationen für alle Nutzer:innen mit den unterschiedlichsten digitalen Kompetenzen zugänglich sein sollen. Das ist vor allem wichtig, wenn Nutzer:innen ihre erste Erfahrungen mit den Nutzerkonten machen: die Registrierungsphase. In dieser Phase werden die Nutzer:innen mit der Seite vertraut und entscheiden über weitere Nutzungsinteraktionen.

Welche datenschutzfreundlichen Instrumente können einen besseren Zugang bzw. ein klareres Verständnis des Datenschutzes bei der Registrierung in den Nutzerkonten vermitteln? Tabelle 1 zeigt die Merkmale der Usable-Privacy-Instrumente, die aus unseren Analyseergebnissen extrahiert wurden. Diese Merkmale (bezogen auf „Zugang" und „Verstehen" zu Datenschutzinformationen) dienen als Orientierung für die aktuelle Gestaltung von Mock-ups (Vorführmodelle, Prototypen) der Usable-Privacy-Instrumente für Nutzerkonten, die in einer späteren Phase des Projekts evaluiert werden sollen. Tabelle 1 zeigt ein Beispiel der Umsetzung dieser Usable-Privacy-Merkmale.

	Zugang	**Verstehen**
Information über Funktionalitäten	- Information auf der ersten Seite über die Funktionalität des Nutzerkontos für die Registrierung, um Zugang zu digitalen öffentlichen Diensten zu erhalten	- Verwendung einer prägnanten und klaren Sprache sowie verfügbaren Icons und Infographics (Zugang mit mouse-over)
Information über Interoperabilität	- Information auf der ersten Seite über die Interoperabilität des Nutzerkontos mit anderen Nutzerkonten für den Zugang zu digitalen öffentlichen Diensten	- Verwendung einer prägnanten und klaren Sprache sowie verfügbaren Icons und Infographics (Zugang mit mouse-over)
Navigation	- Platzierung des Registrierungsbutton an einem zentralen Punkt auf der ersten Seite des Nutzerkontos - Vermeidung von Redundanzen bei den Registrierungsbuttons - Befolgung der üblichen hierarchischen Anordnung im Registrierungsprozess: von links nach rechts, von oben nach unten	- Einführung von Infographics über den Registrierungsprozess (Zugang mit mouse-over)
Layout	Standard-Layout - Zugänglichkeitskriterien (wahrnehmbar, bedienbar, verständlich und robust)[34]	Standard-Layout - Helle, neutrale Farben für die Navigationsleiste der Registrierung verwenden[35]

https://www.onlinezugangsgesetz.de/Webs/OZG/DE/aktuelles-uebersicht/jetzt-digital/jetzt-digital_node.html (Stand 1.09.2022

		- Halten der dominierenden Farbe im Registrierungsprozess konsistent - Verwendung von hellen Farben, um die interaktiven Teile des Registrierungsprozesses hervorzuheben. - Ausreichende Abstände zwischen den Registrierungsfunktionen
Datenschutzprotokolle	- Platzierung des Zugangs zu den Datenschutzprotokollen in der Nähe der Registrierungsschaltfläche	- Vermeiden Sie langen Text - Verwenden Sie eine prägnante und klare Sprache - Gliedern Sie die Informationen in Textblöcke
Vertrauensstufen	- Platzierung der Informationen über die Sicherheitsstufen bei der Registrierung im Zusammenhang mit den verfügbaren digitalen öffentlichen Diensten auf der ersten Seite des Nutzerkontos	Einführung einer Infographic über die Sicherheitsstufen bei der Registrierung (Informationszugang durch Mouse-over) - Rückmeldung bei jedem Registrierungsschritt eine - Erläuterung von Fachbegriffen (z. B. Authentifizierung) (Informationszugang durch mouse-over)
Datenübermittlung	- Informationen über die Notwendigkeit von Daten für jede Vertrauensstufe bereitstellen - Information darüber, wie die Daten erhoben werden, und wie sie verwendet und gespeichert werden - Informationen über die Verantwortlichkeiten für den Datenschutz in jeder Phase der Datenübermittlung	- Einführung einer Infographic über die Datenverarbeitung - Bereitstellung von Feedback-Informationen über die übertragenen Daten - Einführung einer Infographic über die Verantwortlichkeiten für die Datenverarbeitung und den Datenschutz (wer ist wer in jeder Phase des Datentransfers)

Tabelle 1. Zusammenfassung der Gestaltungsaspekte von Instrumenten zur aktiven und sicheren Teilhabe an online Public Services

3.3 Gestaltungsumsetzung der Instrumente zur aktiven und sicheren Teilhabe an online Public Services

Die nachfolgende Abbildung 26 zeigt ein Beispiel der Umsetzung der Gestaltungsaspekte entsprechend den Ergebnissen aus Tabelle 1 (Nutzung von Datenschutz-Icons mit Verlinkung auf

https://www.w3.org/TR/WCAG20/ (Zugang 12.03.2023).

35 Bezüglich der Nutzung von Farben im Webdesign siehe: https://www.nngroup.com/articles/color-enhance-design/ (Zugang 12.03.2023).

Information über Datenübermittlung) in einem Nutzerkonto-Prototyp, den wir mit dem Tool „Figma“ entwickelt haben.

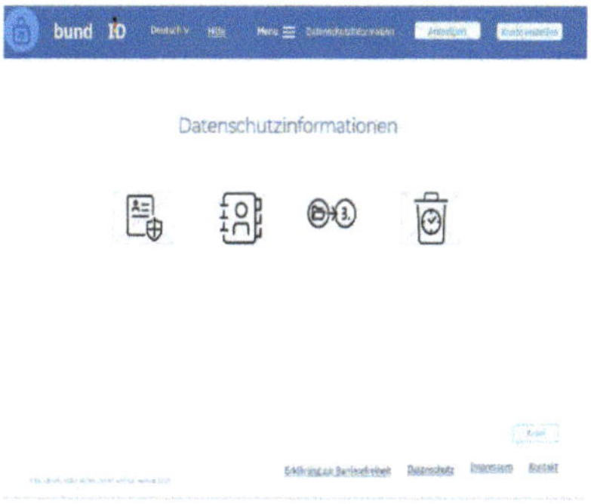

Abbildung 26 Beispiel von Instrumenten zur aktiven und sicheren Teilhabe an online Public Services

Die Icons (von links nach rechts) sind mit gezielten Informationen über die Bedeutung von persönlichen Daten, Datenspeicherung, Weitergabe von Daten an Dritten und Löschung der privaten Daten verlinkt. Die Bürger:innen können damit über die Datenschutzinformationen aufmerksam gemacht werden. Die Gestaltungsaspekte, die in der Tabelle 1 zusammengefasst werden, sind mit diesen Instrumenten gedeckt: Interoperabilitätsinformationen wurden in einer Seite beschrieben, wo die Bürger:innen auch die Unterschiede zwischen den Vertrauensniveaus überblicken können und die Begriffe-Bedeutungen mit einer Mouse-Over-Funktion ansehen können. Information über Datenübermittlung wird durch die Icons verlinkt, eine Infographik mit den genauen Schritten der Registrierung (jeweils mit Benutzername und Passwort und mit elektronischem Identifikationsausweis; siehe Abbildung 27) wurde integriert. Auch in diesen Infographiken sind die Usable-Pprivacy-Icons präsent und verlinkt.

Abbildung 27: Beispiel von Infographische-Instrumenten zur aktiven und sicheren Teilhabe an online Public Services (lediglich als visueller Eindruck gezeigt).

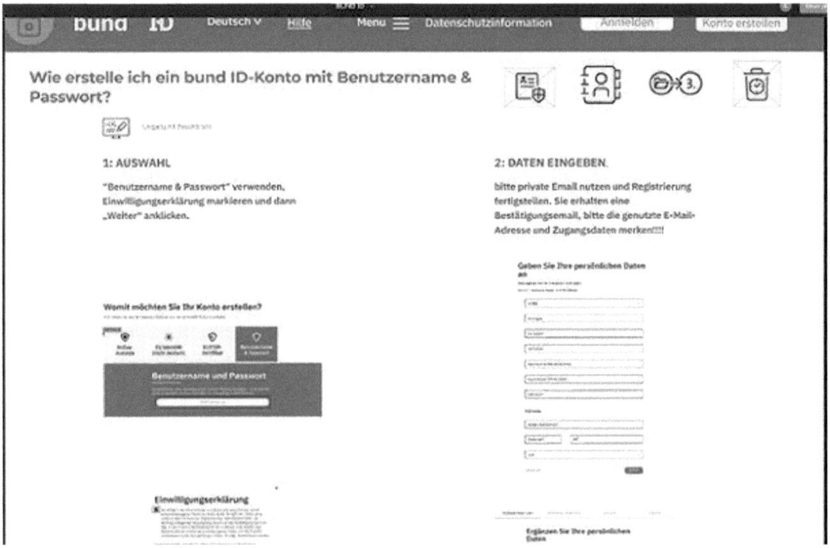

Abbildung 28: Beispiel von Informations- und Navigationsinstrumenten zur aktiven und sicheren Teilhabe an online Public Services (Landing page)

Die Vorteile des Bund-ID wurden auf der ersten Seite präsentiert (s. Abbildung 28). Damit verlinkt sind weitere Informationen über Interoperabilität, Postfach, Datenschutz.

4. Evaluationsmethoden der Instrumente

Die Instrumente, die im mit figma erzeugten Prototyp Bund-ID integriert wurden, sind mit einer kognitiven Walkthrough-Methode (Wharton et al 1994) evaluiert worden. Abbildung 29 zeigt ein Überblick der Evaluationsphasen, die wir in Anlehnung an Wharton et al. (1994) durchgeführt haben.

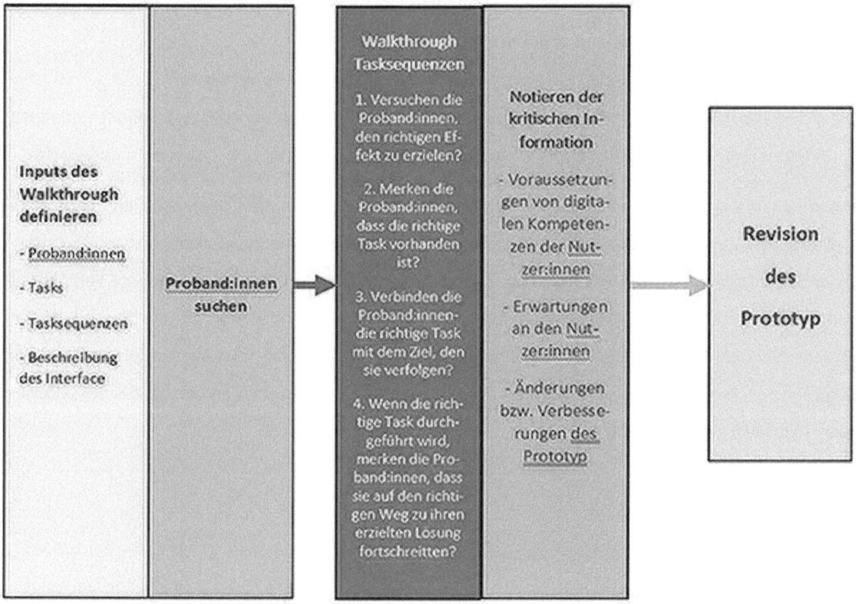

Abbildung 29: Überblick der Evaluationsphasen (in Anlehnung an Wharton et al. 1994: 2)

Für die Vorbereitung der Durchführung der kognitiven Walkthrough-Sitzungen wurden zunächst konkrete Aufgaben gestellt, die grundsätzlich das „Lernen" abdeckten bzw. sich vertraut machten mit den Datenschutz- und Sicherheitsaspekten der Bund-ID während der Registrierung (s. Anhang 3). Die Aufgaben wurden dann in kleineren einzelnen Schritten zerlegt. In dieser ersten Vorbereitungsphase wurden auch die Profile der Probanden festgelegt. Die Basis dafür sind die Ergebnisse unseren früheren Projektphasen: Personen mit wenig Erfahrung im Umgang mit Internet und öffentlichen online Diensten sowie ältere Menschen, aber auch junge hoch digital kompetente Personen ohne Erfahrung mit öffentlichen Online-Diensten wurden ausgesucht.

Während der Durchführungsphase wurden alle vorbereiteten Aktionen der Aufgaben abgearbeitet. Alle Elemente (graphische, textuelle) und Navigationsabläufe im Prototyp, die zu Problemen führen konnten, wurden aufgelistet.

Als Grundlage für die Auflistung der möglichen Probleme wurden bei jeder Aufgabe in Anlehnung an Wharton et al. (1994) folgende Aspekte notiert:

1. Versuchen die Proband:innen, den richtigen Effekt zu erzielen?
2. Merken die Proband:innen, dass die richtige Task vorhanden ist?
3. Verbinden die Proband:innen die richtige Task mit dem Ziel, den sie verfolgen?
4. Wenn die richtige Task durchgeführt wird, merken die Proband:innen, dass sie auf dem richtigen Weg zu ihrer erzielten Lösung fortschreiten?

Zusammengefasst halten wir fest, dass die notierte kritische Information zeigt, dass die Bedeutung und Intention der vier Datenschutz- und Informationssicherheitsicons nicht richtig erkannt wurden. Die anderen Elemente (textuelle Information kombiniert mit Icons auf der ersten Seite und verlinkt mit weiteren Informationen, die Erklärungen über die Registrierungsschritte) wurden von den Probanden als sehr hilfreich und verständlich empfunden. In der Revisionsphase fokussierten wir uns auf die identifizierten Probleme und verbesserten den Prototyp mit einer kurzen Erklärung, die mit Mouse-Over zugänglich gemacht wird.

5. Übungen

Wie in Kapitel 4 beschrieben, wurden für die Vorbereitung der Durchführung der kognitive Walk-through-Sitzungen zunächst Aufgaben gestellt, die grundsätzlich das „Lernen" zu Datenschutz- und Sicherheitsaspekten abdeckten. Die Aufgaben wurden dann in kleineren einzelnen Schritten zerlegt.

Als Design-Thinking-Sessions organisiert:

1. Erstellung eines Prototyps mit Usable-Privacy-Instrumenten für das Nutzerkonto Brandenburg bzw. Servicekonto Berlin
2. Erstellung eines Prototyps mit Usable-Privacy-Instrumenten für das eine EUDI Wallet

Übungsgrundlagen

- Papier und Stift (Nutzung von Templates – siehe unten)
- Usable Security Kriterien
    - Sichtbarkeit und Verständlichkeit von Nützlichkeit der Nutzerkonten
    - Sichtbarkeit und Verständlichkeit von Datenschutz
    - Passwortkorrektheit
    - Effektive, Effiziente, Engagierende, Fehlertolerante und leicht zu erlernende Registrierung

Übungsmaterialien

- Erklärung der Grundprinzipien in usability design
    - https://lawsofux.com
- Templates für Prototypentwicklung mit Papier und Stift
    - https://konigi.com/tools/graph-paper/
    - https://sneakpeekit.com/
    - https://cdn.dribbble.com/users/62522/screenshots/1647857/attachments/258458/Responsive_SketchSheet_to_Print.pdf
    - https://www.sketchize.com/
    - https://www.flickr.com/photos/88005207@N00/3884016462/ (Web-browser template)
- Usable Privacy Design Tipps
    - https://www.openlawlab.com/2015/07/22/designing-a-usable-online-privacy-tool/

- Privacy Enhancing Tools (PETs)

- https://www.enisa.europa.eu/publications/privacy-tools-for-the-general-public

- Transparency Emhancing Tools (TET)
  - https://link.springer.com/chapter/10.1007/978-3-030-49443-8_8/tables/4
- Passwortkorrektheit
  - https://cheatsheetseries.owasp.org/cheatsheets/Authentication_Cheat_Sheet.html
  - Icons zur DSGVO Anpassung
    - http://gdprbydesign.cirsfid.unibo.it/dapis-the-data-protection-icon-set/
  - Beispiele SSI Wallets
    - https://docs.lissi.id/lissi-wallet/verification-of-contacts-within-the-lissi-wallet
    - https://gataca.io/blog/the-gataca-wallet-becomes-one-of-the-first-ebsi-conformant-wallets-in-europe
    - https://www.dock.io/post/self-sovereign-identity
    - https://github.com/walt-id/waltid-walletkit
  - ESSIF SSI Users' Journeys Beispiele
    - https://ec.europa.eu/digital-building-blocks/wikis/display/EBSIDOC/%5Barchived%5DESSIF+How+we+use+SSI

6. Literaturverzeichnis

Acquisti, A. (2009) Nudging Privacy: The Behavioral Economics of Personal Information. IEEE Security & Privacy 7:6.

Adams, A. and Sasse, A. (1999) Users are not the enemy. Communications of the ACM 42, 12 (Dec. 1999), pp. 41-46.

Alsaghier, H., & Hussain, R. (2012) Conceptualization of trust in the e-government context: a Qualitative analysis. In A. Manohran, & M. Holzer (Eds.), Active citizen participation in e-government: A global perspective (pp. 528–557). New York, NY: Information Science Reference.

Alsaghier, H.; Ford, M.; Nguyen, A.; Hexel, R. (2009) Conceptualising Citizen's Trust in e-Government: Application of Q Methodology. Electronic Journal of E-government 7, 4: 295–310.

Alzahrani, L., Al-Karaghouli, W. & Weerakkody, V. (2016) Analysing the critical factors influencing trust in e-government adoption from citizens' perspective: A systematic review and a conceptual framework. https://doi.org/10.1016/j.ibusrev.2016.06.004

Atzeni, A., Faily, S., & Galloni, R. (2019). Usable security. In Advanced Methodologies and Technologies in System Security, Information Privacy, and Forensics (pp. 348-359). IGI Global.

Bason, C. (2010) Leading public sector innovation. Bristol: Policy Press.

Bélanger, F.; Carter, L. (2008) Trust and risk in e-government adoption. The Journal of Strategic Information Systems 17, 2: 165–176.

Bélanger, F.; Crossler, R.E. (2011) Privacy in the Digital Age: A Review of Information Privacy Research in Information Systems. MIS Quarterly 35:4: 1017-1042.

Berlin Service Konto: https://konto.service.berlin.de/skb/Account/RegisterBasicUserData

Bitkom (2015). Digitale Souveränität: Positionsbestimmung und erste Handlungsempfehlungen für Deutschland und Europa. Berlin: Bundesverband Informationswirtschaft Telekommunikation und neue Medien e.V. (Bitkom).

BMI (2019) Das Nutzerkonto Bund.

BMWi (2015). Leitplanken Digitaler Souveränität. Berlin: Bundesministerium für Wirtschaft und Energie (BMWi).

Brandenburg Nutzerkonto: https://id.brandenburg.de/de/nutzerkonto/brandenburg/registration/3

Brooke, J. (1996) "Sus—a quick and dirty usability scale," In: Usability Evaluation Industry, 189: 194: 4–7.

Brown, T. (2008) Design thinking. Harvard Business Review, 86(6): 84–92.

Carlgren, L., Rauth, I., & Elmquist, M. 2016. Framing Design Thinking: The Concept in Idea and Enactment. Creativity and Innovation Management, 25(1): 38–57.

Carter, L. and Bélanger, F. (2005) The Utilization of E-Government Services: Citizen Trust, Innovation and Acceptance Factors. Information Systems Journal, 15, 5-25. http://dx.doi.org/10.1111/j.1365-2575.2005.00183.x

Chase, S. (2017). Design Thinking in Action: Changing the Public Service Model. OLA Quarterly, 22(3), 15-19. http://dx.doi.org/10.7710/1093-7374.1865. In: https://core.ac.uk/download/pdf/81665096.pdf (Zugriff 20.06.2022).

Chao, B. G., & 15, 2. M. (2015). Stanford Daily | What is Design Thinking? In: http://www.stanforddaily.com/what-is-design-thinking/ (Zugriff 21.06.2022).

Cordella, A., & Bonina, C. M. (2012). A public value perspective for ICT enabled public sector reforms: A theoretical reflection.Government Information Quarterly,29(4), 512–520.

Dam, Rikke; Siang, Teo: 5 Stages in the Design Thinking Process. Interaction Design Foundation. In: https://www.interaction-design.org/literature/article/5-stages-in-the-design-thinking-process (Zugriff 22.06.2022).

Delahaye, J.-P. (2019) The Mathematics of (Hacking) Passwords. The science and art of password setting and cracking continues to evolve, as does the war between password users and abusers. In: Scientific American. https://www.scientificamerican.com/article/the-mathematics-of-hacking-passwords/ (Zugriff: 12.07.2022).

Digital Divide Konzept: https://www.bpb.de/kurz-knapp/zahlen-undfakten/globalisierung/52708/digital-divide/ (Zugriff 3.05.2022).

Dinev, T.; Hart, P. (2006) An Extended Privacy Calculus Model for E-Commerce Transactions. Information Systems Research 17: 1: 61-80.

Dribbisch, K. (2016) Translating Innovation. The adoption of Design Thing in a Singaporean Ministry. (Doctoral Thesis) Universität Potsdam. In: https://publishup.uni-potsdam.de/opus4-ubp/frontdoor/deliver/index/docId/10471/file/dribbisch_diss.pdf (Zugriff 20.04.2022).

EfA Prinzip: https://www.kommune21.de/meldung_37899_Einer-f%C3%BCr-AllePrinzip+in+der+Praxis.html (Zugriff 28.06.2022).

Ermakova, T.; Baumann, A.; Fabian, B.; Krasnova, H. (2014) Privacy policies and users' trust: does readability matter?. In AMCIS

Evans, M. & Terrey, N. (2016) Co-design with citizens and stakeholders. 10.1332/policypress/9781447329367.003.0014.

Faulkner, N., Jorgensen, B., Koufariotis, G. (2019) Can behavioural interventions increase citizens' use of e-government? Evidence from a quasi-experimental trial, in: Government Information Quarterly, 36, 1, S. 61-68, https://doi.org/10.1016/j.giq.2018.10.009

Ferrari A (2013) DIGCOMP: A framework for developing and understanding digital competence in Europe. In: Punie Y, Brecko BN (eds) JRC scientific and policy reports. Publications Office of the European Union, Luxembourg. https://doi.org/10.2788/52966

Fischer-Hübner, S.; Murmann, P. (2020) Usable Transparency Enhancing Tools: A Literature Review. In: https://www.diva-portal.org/smash/get/diva2:1119515/FULLTEXT02 (Zugriff 8.10.2021).

Franke, T., Attig, C. and Wessel, D. (2019) A personal resource for technology interaction: Development and validation of the affinity for technology interaction (ati) scale. In: International Journal of Human–Computer Interaction, 35: 6: 456–467. (s. Affinity for Technology Interaction validated scale ATI).

Friedrichsen, M.; Bisa, P. (2016). Einführung – Analyse der digitalen Souveränität auf fünf Ebenen. In M. Friedrichsen & P.-J. Bisa (Hrsg.), Digitale Souveränität: Vertrauen in der Netzwerkgesellschaft (S. 1-6). Wiesbaden: Springer VS.

Gasson, S. (2003). Human-centered vs. user-centered approaches to information system design. Journal of Information Technology Theory and Application. 5(2), 29-46.

Halunen, K. (2020) Usable security & privacy methods and recommendations. In: https://cybersec4europe.eu/wp-content/uploads/2020/02/D3.5-Usable-security-privacy-methods-andrecommendations-Submitted.pdf (Zugriff 1.10.2021).

Heuwing, B., Maletz, C. (2019) Bürger-Services nutzerzentriert gestalten. Mit Digitalisierungslaboren Verwaltung und Bürger zusammenbringen. In: in S. Hess & H. Fischer (Hrsg.): Mensch und Computer 2019 – Usability Professionals, 08.-11. September 2019, Hamburg. In: https://dl.gi.de/bitstream/handle/20.500.12116/24527/muc2019-up-0256.pdf?sequence=1&isAllowed=y (Zugriff 20.04.2022).

Hong, W., und Thong, J.Y. 2013. Internet Privacy Concerns: An Integrated Conceptualization and Four Empirical Studies, MIS Quarterly 37: 1: 275-298.

Johansson-Sköldberg, U., Woodilla, J., & Çetinkaya, M. (2013) Design Thinking: Past, Present and Possible Futures. Creativity and Innovation Management, 22(2): 121–146.

Karkin, N., & Janssen, M. (2014) Evaluating websites from a public value perspective: A review of Turkish local government websites. In: International Journal of Information Management. 34: 351–363.

Kehr, F., Kowatsch, T., Wentzel, D., und Fleisch, E. (2015) Blissfully Ignorant: The Effects of General Privacy Concerns, General Institutional Trust, and Affect in the Privacy Calculus," Information Systems Journal 25: 6: 607-635.

Kimbell, L. (2011) Rethinking Design Thinking: Part 1. Design and Culture, 3(3): 285–306.

Kimbell, L. (2010). From User-centered Design to Designing for services. Design Management Conference, (1-9), London

Lampson, B. (2009) Usable Security: How to Get It. In: Communications of the ACM, 52, 11 (Nov. 2009), pp. 25-27. In: https://faculty.cc.gatech.edu/~keith/pubs/ieee-introusable-security.pdf (Zugriff 4.04.2022).

Langer, M., König, C. J., and Fitili, A. (2018) Information as a double-edged sword: The role of computer experience and information on applicant reactions towards novel technologies for personnel selection. In: Computers in Human Behavior. 81: 19–30. (s. Privacy Concern scale 4 items).

Leitfaden OZG: https://leitfaden.ozg-umsetzung.de/display/OZG/Arbeitshilfen?preview=/12583387/41877765/Lessons%20Learned%20der%20Nachnutzungsverprobungsprojekte_v1.0.pdf (Zugriff 28.06.2022).

Liedka, J und Salzman, R. (2019) Applying Design Thinking To Public Service Delivery. IBM Centre for the Business of Government. In: https://www.businessofgovernment.org/sites/default/files/Applying%20Design%20Thinking%20to%20Public%20Service%20Delivery.pdf (Zugriff: 2.07.2022).

Light, B., Burgess, J., & Duguay, S. (2018). The walkthrough method: An approach to the study of apps. New Media & Society, 20(3), 881–900. https://doi.org/10.1177/1461444816675438

Mayoka, K. & Humphrey, G. (2016) A Framework for Usability of e-Government Services in Developing Countries. Global Advanced Research Journal of Social Science. 5. 001-010. 10.5171/2017.313796.

Milne, G.R.; Culnan, M.J. (2004) Strategies for Reducing Online Privacy Risks: Why Consumers Read (or Don't Read) Online Privacy Notices," Journal of Interactive Marketing 18: 3: 15-29.

Nissenbaum, H. (2009) Privacy in Context: Technology, Policy, and the Integrity of Social Life. Stanford University Press.

Norberg, P.A., Horne, D.R., und Horne, D.A. (2007). The Privacy Paradox: Personal Information Disclosure Intentions Versus Behaviors, Journal of Consumer Affairs 41:1: 100-126.

Norman, D. (1988) The Psychology of Everyday Things. Basic Books.

Nissenbaum, H. (2009) Privacy in Context: Technology, Policy, and the Integrity of Social Life. Stanford University Press.

Norberg, P.A., Horne, D.R., und Horne, D.A. (2007). The Privacy Paradox: Personal Information Disclosure Intentions Versus Behaviors, Journal of Consumer Affairs 41:1: 100-126.

Onlinezugangsgesetz (OZG): https://www.onlinezugangsgesetz.de/Webs/OZG/DE/startseite/startseite-node.html (Zugriff 2.05.2022).

Pavlou, P.A. (2011) State of the Information Privacy Literature: Where Are We Now and Where Should We Go?, MIS Quarterly 35: 4: 977-988.

Pohle, J. (2020). Digitale Souveränität. In: Handbuch Digitalisierung in Staat und Verwaltung. Springer, 241–253.

Rackwitz, M.; Hustedt, T.; Hammerschmid, G. (2021). Digital transformation: From hierarchy to network-based collaboration? The case of the German "Online Access Act". dms – der moderne staat, 14 (1), 101-120. DOI:10.3224/dms.v14i1.05.

Sanoff, H. (2006). Multiple views of participatory design. METU Journal of the Faculty of Architecture, (23)2, 131-143.

Schmitt, H. et al. (2017) Usable Security und Privacy by Design. entwickler.press. Software & Support Media GmbH

Seitz, T. (2018) Supporting Users in Password Authentication with Persuasive Design. Dissertation. In: https://edoc.ub.uni-muenchen.de/22619/13/Seitz_Tobias.pdf (Zugriff 17.07.2022).

Stanford Design School. Use our methods (Zugriff 20.06.2022). In: http://dschool.stanford.edu/use-our-methods/

Terrey, N. (2012) Managing By Design – a Case Study of the Australian Taxation Office. In: https://researchsystem.canberra.edu.au/ws/portalfiles/portal/33685875/file (Zugriff 2.07.2022).

UN DESA (United Nations Department of Economic and Social Affairs) (2020) E-Government Survey 2020 Digital Government in the Decade of Action for Sustainable Development. With addendum on COVID-19 Response. New York. In: https://publicadministration.un.org/egovkb/Portals/egovkb/Documents/un/2020-Survey/2020%20UN%20E-Government%20Survey%20(Full%20Report).pdf (Zugriff: 4.07.2022).

Van Dijk, J. A. (2012). Digitale Spaltung und digitale Kompetenzen. In *Informationsgerechtigkeit* (pp. 108-133). De Gruyter Saur. https://ris.utwente.nl/ws/portalfiles/portal/5576101/Digitale_Spaltung_und_digitale_Kompetenzen.pdf (Zugriff 30.08.2021)

Venkatesh, V.; Davis, F. D. (2000) A theoretical extension of the technology acceptance model: Four longitudinal field studies. Management Science, 186–204.

Verkijika, S. F. und De Wet, L. (2018) A usability assessment of e-government websites in Sub-Saharan Africa. In: International Journal of Information Management. 39: C: 20-29.

Wharton C, Rieman J, Lewis C, Polson P (1994). The Cognitive Walkthrough Method: A Practitioner's Guide. Usability inspection methods; Pages: 105 – 14. https://www.colorado.edu/ics/sites/default/files/attached-files/93-07.pdf (Zugriff 20.04.2023)

Anhang 1: Karten zur Registrierung bei Servicekonto Berlin bzw. Nutzerkonto Brandenburg

Wie in Kapitel 2.3.1.5 beschrieben, wurden die befragten Verbraucher:innen nach einer kurzen Registrierungsaufgabe in beiden Nutzerkonten (Berlin und Brandenburg) darum gebeten, Darstellungen von den Nutzerkonten mit addierten Elementen (siehe Anhang des Buches) im Zusammenhang mit Vertrauen und Sicherheitsgefühl zu bewerten.

Die Karten wurden in drei Kategorien geteilt: Siegel, Zusatzinformation, Use Case.

Variante 1: Logos

Variante 2: Zusätzliche Informationsvermittlung

2.1 eIDAS Information

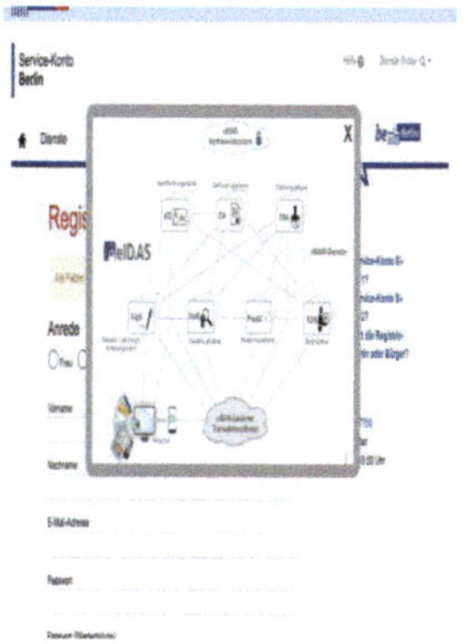

2.2 Datenvermittlung Information

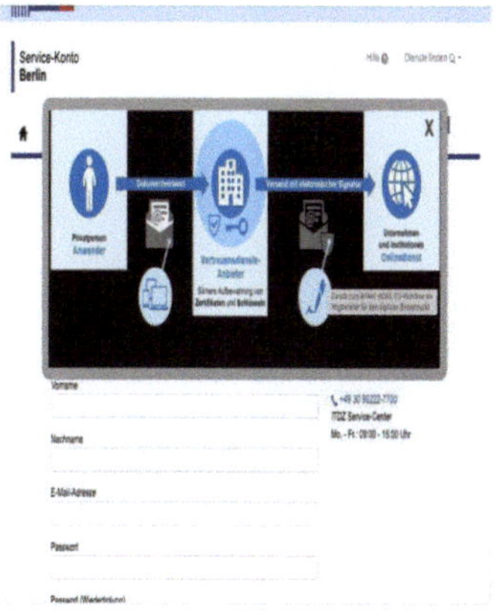

2.3 Use Case Information

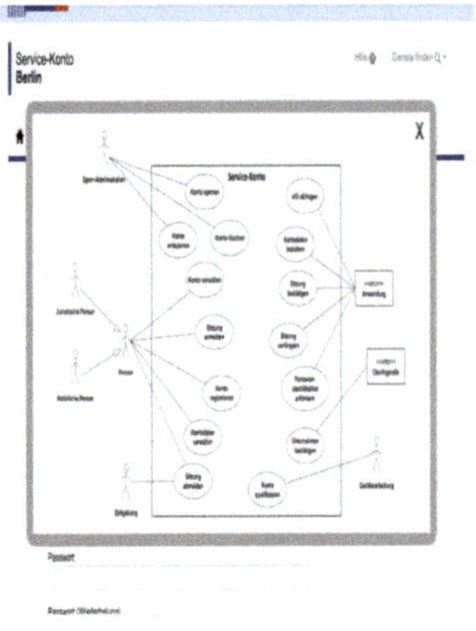

2.4 Video

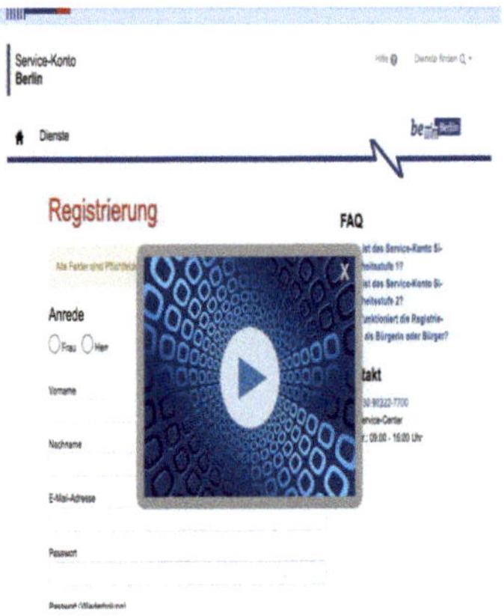

2.5 Chat-Bot

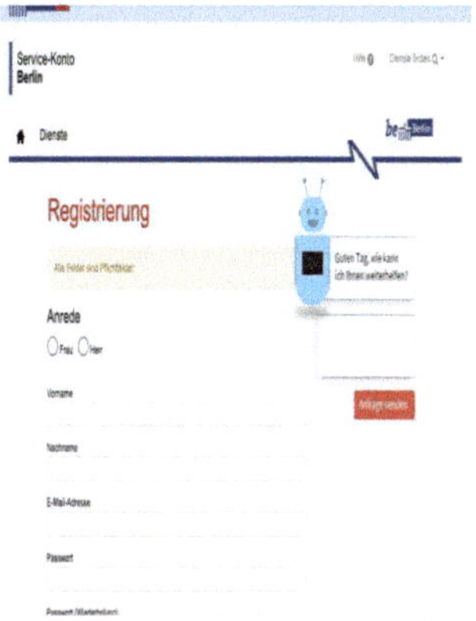

2.6 Link zu DSGVO Text

Link zu einer öffentlich nutzbaren Erklärungsseite der DSGVO und weiterer Datenschutzgesetze, die wegen ihrer Übersichtlichkeit gerne im Unterricht genutzt wird: https://dsgvo-gesetz.de/ (Zugriff: 01.07.2023)

Beispiel für Art. 15 DSGVO:

Anhang 2: Fragebogen

Selbstvertrauen in Kenntnissen über Datenschutz und Datensicherheit

1. Ich bin über Anonymität und Privatsphäre in Internet gut informiert
2. Ich weiß, wie Cookies gefunden und gelöscht werden können

3. Ich bin mit der Kommunikation mit Regierungsbehörden und Abteilungen über deren offizielle Websites vertraut
4. Ich bin mit der Suche nach öffentlichen Diensten im Internet vertraut
5. Ich weiß, welche Art von persönlichen Informationen von einem Online-System gesammelt werden können
6. Ich weiß, zu welchem Zweck meine persönlichen Daten von einem Online-System verarbeitet werden können
7. Ich weiß, wie meine persönlichen Daten von einem Online-System verwendet werden können
8. Ich weiß, mit wem meine persönlichen Daten möglicherweise geteilt werden können
9. Ich weiß, wie lange meine Daten gespeichert werden können, wenn ich einen Onlinedienst nutze
10. Ich weiß, ob potenzielle Beobachter von Drittanbietern während der Nutzung eines Onlinedienstes arbeiten können
11. Ich weiß, wo meine persönlichen Daten von Dritten gespeichert werden können
12. Ich weiß, ob ich informiert werde, sobald meine persönlichen Daten an Dritte weitergegeben werden

Verstehen der Information über Datenschutz und Datensicherheit

After reading the information protocols about data security and privacy

1. Meine Daten können ohne meine Zustimmung für andere als die ausdrücklich erläuterten Zwecke verwendet werden
2. Eine reduzierte Form meiner IP-Adresse wird länger als 60 Tage gespeichert
3. Mein Surfverhalten auf dem Service Konto Berlin wird statistisch gemessen
4. Das Service Konto Berlin verwendet Predictive Behavioural Targeting für Werbezwecke
5. Bitte notieren Sie, wer auf der Website des Service Kontos Berlin für Datenschutzanfragen verantwortlich ist
6. Das Sicherheitsinformationsprotokoll bietet einen umfassenden Überblick über bestimmte zu verarbeitende Daten
7. Gesammelte Daten werden nur auf Servern in Deutschland gespeichert

8. Es werden gründliche Sicherheitsmaßnahmen getroffen, um meine Daten zu schützen
9. Die vollautomatische Verarbeitung meiner Daten kann für mich rechtsverbindliche Folgen haben
10. Die Daten, die ich zur Nutzung des „Service Kontos Berlin“ zur Verfügung stelle, können an private Stellen weitergegeben werden
11. Die Daten, die ich zur Nutzung des „Service Kontos Berlin“ zur Verfügung stelle, werden länger als fünf Jahre gespeichert
12. Ich habe jederzeit die volle Kontrolle über die von mir zur Verfügung gestellten Daten, um das „Service Konto Berlin“ zu nutzen, einschließlich deren vollständiger Löschung
13. Ich habe alle Informationen in den Protokollen des Service Kontos Berlin zu Datensicherheit und Datenschutz gelesen
    - 13.1 Wenn nicht, geben Sie bitte an, warum

14. Ich verstehe alle Informationen in den Protokollen des Service Kontos Berlin über Datensicherheit und Datenschutz

Offene Fragen

Falls Sie Schwierigkeiten beim Verständnis der Informationsprotokolle zu Datensicherheit und Datenschutz haben, geben Sie diese bitte an

Was würden Sie ändern, um das Verständnis der Protokolle zu verbessern?

Vertrauen (rate mit Likert Scala 1-5)

1. Ich glaube, dass E-Government-Websites kompetent und effektiv bei der Bereitstellung von Regierungsdiensten sind
2. Ich glaube, dass E-Government-Websites im besten Interesse der Bürger handeln würden
3. Ich glaube, dass die meisten E-Government-Websites ihre Verpflichtungen einhalten würden
4. Ich bin nicht sicher, ob E-Government-Websites die erwartete Leistung erbringen können
5. Es ist riskant, sich auf die Informationen auf E-Government-Websites zu verlassen
6. Ich fühle mich unsicher, wenn ich vertrauliche Informationen über E-Government-Websites sende

7. Insgesamt ist es nicht sicher, vertrauliche Informationen über E-Government-Websites zu übertragen

8. Service Konto Berlin garantiert die Sicherheit und den Schutz meiner Daten bei der Nutzung öffentlicher Online-Dienste in Berlin

Bereitschaft zur Nutzerkonto-Nutzung (rate mit Likert Scala 1-5)

1. Ich werde das Service Konto Berlin nutzen, um sicher auf öffentliche Online-Dienste in Berlin zuzugreifen

2. Ich bin bereit, dem Service Konto Berlin meinen Namen, meine Adresse und meine Telefonnummer mitzuteilen

3. Ich ziehe es aus Datenschutzgründen vor, die Verwaltung des öffentlichen Dienstes persönlich zu kontaktieren, als das Service Konto Berlin zu nutzen

4. Ich ziehe es aus Datenschutzgründen vor, die Verwaltung des öffentlichen Dienstes telefonisch zu kontaktieren, als das Service Konto Berlin zu nutzen

Offene Fragen

Falls Sie Schwierigkeiten beim Verständnis der Informationsprotokolle zu Datensicherheit und Datenschutz haben, erläutern Sie bitte, inwieweit dies für Ihre Entscheidung zur Nutzung des Service Kontos Berlin wichtig ist:

Was wären die wichtigsten Faktoren, um Sie zur Nutzung des Service Kontos Berlin zu ermutigen?

Anhang 3: Evaluationsfragen nach der Interaktion mit dem Prototyp

1. Aufgaben in Interaktion mit dem Prototyp

Stellen Sie sich vor, Sie wollen sich beim Bund-ID registrieren und dabei verstehen inwiefern Ihren privaten Daten sicher geschützt werden. Sie werden zwei Aufgaben (mit figma bundID-Prototyp) erfüllen, um dieses Ziel mithilfe des Prototyps zu erreichen.

2.1 Erste Aufgabe: Registrierung mit Benutzername und Passwort

- Erste Seite: die vier verlinkten Seiten besuchen
- Erste Seite: Konto erstellen anklicken und Registrierung mit Benutzername und Passwort anklicken
- Datenschutz-Icons anklicken

2.2 Zweite Aufgabe: Registrierung mit eID

- Erste Seite: die vier verlinkten Seiten besuchen
- Erste Seite: Konto erstellen anklicken und Registrierung mit eID anklicken
- Datenschutz-Icons anklicken